最高の生き方

幸せが訪れる「余命3カ月の発想」

フォーバル代表取締役会長
大久保秀夫

ビジネス社

はじめに

今、人生100年時代を迎えています。「人生七十古来稀《まれ》なり」を大きく上回る長寿はめでたくもあり、喜ばしくもあり、世をあげて歓迎するべきものだと思います。

しかし、現実の社会を見ると、単純に長寿を喜んでばかりはいられないと感じています。

たとえば定年。皆さんは定年後の生き方について考えたことはありますか。

仮に100歳まで生きるとして、60歳で定年を迎えると40年間、65歳で定年を迎えても35年間という長い時間があります。「働き方改革」によって働き方は大きく変わりつつあります。

私たちは改めて、どのように働いていくべきかを真剣に考えなければならない時期に来ています。

かつて定年後は隠居としてセカンドライフを楽しむことができました。今は楽隠居など夢のまた夢です。江戸風俗研究家の杉浦日向子《すぎうらひなこ》さんが「今は隠居もならず、日々の糧を稼ぐために素隠居でなければ」と言っていたように、単純に「百年は寿の大斉《たいさい》なり」と長寿を歓迎していられません。

特に男性は、仕事人間としてビジネス中心の生活を過ごしてきただけに、定年後は「どう過ごすか、どう生きていったらよいのか」と戸惑う人が多いように見受けられます。

私と同年齢で、定年を迎えてリタイアした数人の友人がいます。彼らは口をそろえて定年直後は「趣味など好きなことをして過ごすよ」、また「読書三昧《ざんまい》だよ」等々、楽し気に語っていました。それでも1年もたつと「今の生き方でいいのだろうか」という不安感、喪失感など無為のむなしさを強く感じたそうです。

つまり、仕事人間としての人生と、定年後の人生との二つの人生があるということに気づく必要があるということです。これまでは余暇としてあまり真剣に考えてこられなかった人生最終までの「終活」ですが、実はとても長いのです。この事実に気づいているけれども、何をすればよいかわからないという方も、意外と多いのではないでしょうか。

しかし、今からでも決して遅くはありません。私自身、最近気がついたばかりのことも多々あります。

生涯最後の花道を堂々と歩き、「最高の人生だった」と言えるようになるためにはどうすればいいのか。本書で私の今まで生きてきた道を振り返りつつ、気づいたこと、そしてこれからやろうとしていることを書き記していきたいと思います。

読者の皆さんが「これからどうやって生きていくべきか」を考え、行動を変えるきっかけになればうれしく思います。

於　書斎　大久保秀夫

第3章 余命3カ月の発想で考える企業・経営・仕事の本質

第4章　充実した人生とは

第5章　最高の生き方を全うするための心構え

第6章　私の使命感

第1章

病になって見えたもの

突然、脳梗塞に

２０１６年12月の第3日曜日、天気も良く私はいつものようにスポーツジムに行っていました。普段と同じようにロッカールームで着替え、階段《かいだん》を上ってウォーキングマシンに向かっていたのです。ところがどうも階段を上る足取りが重く、ウォーキングマシンでは、足に力が入らずフラフラするのです。

変だなと思いながら運動を続けていました。それでも体調が元に戻ったので何も気にせず、車を運転して家に帰り、夜はビールを飲んで休みました。

そして翌朝、目が覚めたとき、やはり何か体がおかしいと感じました。うまく話せなくなっていたのです。私は驚《おどろ》いて、大学病院の教授である友人に電話をしたところ「救急車に乗ってすぐ来るように」と言われました。

「何を大げさなことを言っているんだ」と思いながら、いつものようにスーツを着て車に乗って友人が勤務する大学病院に行ったところ、友人に「なんで救急車で来なかったんだ」と叱責《しっせき》され、すぐにストレッチャーに乗せられて、検査室に運ばれました。

MRIを撮った後に言われたことは、脳梗塞《のうこうそく》が起きているということでした。そのときは手足も動くし、頭もはっきりしています。少し話し方はおかしい気はしたものの、正直、私は自分の体にとんでもない異変が生じていることなど、この時点では想像だにしていませんでした。

入院だと言われたので、着替えを取りに家へ帰ろうとすると、友人から「何を悠長なことを言っているんだ」とまた怒られ、強制的にICU（集中治療室）に入れられてしまいました。

そのとき友人からは、「この脳梗塞はラクナ梗塞といって、1日、2日と時間がたつにつれて症状が重くなり、やがて話せない、手が動かせない、足も動かせないという状況に30％以上の人がなる。大久保がその30％に入るかどうかはわからないが、そういう病気だからすぐに入院しなくてはいけないんだ」と言われたのです。

奪われなかった経営者に必要な能力

入院初日は、友人の医者に言われたことに半信半疑でした。それでも2日目に目覚めたとき、驚いたことに右手がほとんど動かなくなっていました。右手が動かないだけだったので、この時点ではまだそれほど気にしていませんでした。しかし、3日目には右足が動かなくなり、4日目にはほとんど話ができなくなりました。本人は話しているつもりでも、見舞いに来た家族には、私が何を言っているのか聞き取れず困惑している様子なのです。

手が動かない、足が動かない、話ができないという中で、自分の人生はこれからどうなるのかなと真剣に考えました。ICUで寝かされたまま両手に点滴、心電図モニターと血圧計をつけられて、体が動かせない状態にされました。ただひたすら1日が過ぎていくのを待つしかありません。唯一トイレに行くときだけ、看護師さんに起こしてもらい、車いすに乗って動けるのです。

それまでの自分が行動的な人間だったので、1日中ベッドに寝かされたままの状態でいるのは本当に苦痛でした。看護師さんの目を盗んで、上体だけでも起こそうと試みるのですが、すぐに見つかって何度も怒られてしまいました。

また、私にとって何よりもつらかったのは、手足が動かないのはもちろんのこと、1日中天井だけを眺《なが》めて寝ていなければならないことでした。意識ははっきりしているのに、寝返りも打てず、ただひたすらじっとしていなければならなかったのです。天井だけを見つめている状態が1週間も2週間も続きました。

ただ、その中で思ったことは、「経営者として一番大事な人の話を聞く、物事を考える、判断するという能力は神が奪わなかったな」ということでした。まさに不幸中の幸いです。

そのことを認識したことでショックが和らぎ、安堵感《あんどかん》と感謝の思いでいっぱいになりました。

人の優しさに触れる

12月24日のクリスマスイブ、私はまだＩＣＵにいました。この病院はキリスト教関係の医療機関だったので、看護師さんたちが全員ろうそくを持ち、讃美歌を歌いながら病院内を回ってきてくれたのです。その歌声は今まで聴いたことのない、とても澄んだ美しい響きで、温かいものに包まれた気がしました。

そのとき、看護師さんの一人が私に手書きのクリスマスカードを渡してくれたのです。そのカードには「大久保さん、早く元気になってくださいね。お祈りしています」と書いてあり、改めて人の優しさが心に染みました。

それからさらに数日後、ようやく一般病棟に移ることが許されました。このとき初めて、これから先どうしようかと考える心の余裕が出てきました。これまでは典型的な仕事人間で、仕事以外のことは何もしてきませんでした。それだけに、「これからは今までのようなペースで仕事ができるかどうかわからない、たぶん無理だろう」という思いが頭の中を支配しました。

私の体は車いすから立つことすら、まったくできなくなっていたのです。看護師さんの目を盗んで、車いすから立とうとして転んで頭や体を打ったうえ、車いすに戻ろうとしても戻れず、最後には看護師さんを呼んで怒られる。こんなことを何度も繰り返していたのです。そのため私は「もう車いすから立って歩くことはできないんだな」と、覚悟するしかありませんでした。

もう一つは、利き腕である右手がまったく動かなくなっていたのです。私は、経営者として書類にサインをしたり、重要な事項は紙に書きながら考えをまとめることが多くありました。字を書いたり、箸を持ったりなど、これまで右手で行ってきたことすべてを左手でやらなければならないのかと考え、正直、ぞっとしました。

この落ち込んだ気持ちを、根っからの気の強さで吹き飛ばそうとしました。しかし、気持ちがあっても、右手右足は動かせない、話すこともできない。この状況をどうやったら打破できるのか、この時点では皆目見当がつきませんでした。

リハビリに励む

生まれて初めてのひとりぼっちのお正月を病室で迎え、なんとも言えない孤独感に襲われました。1月2日には、眼下の国道1号線で私の母校の選手も出場している箱根駅伝が行われていました。その走っている選手たちを見ていたとき、ふと涙が流れてきたのです。

自分でもその涙がなぜ出るのか、わかりませんでした。

自分はもう二度と走ることができない体になってしまったと思ったからなのか、彼らが走ることができてうらやましかったのか、いったい何の涙なのかはいまだにわかりません。ただ、涙が出てきたのです。

それから1週間ちょっとが過ぎ、退院することになりました。それでもリハビリが必要だということで、読売ジャイアンツの終身名誉監督である長嶋茂雄氏が入院をしていたこともある病院に転院することになりました。

その病院では、私と同じような患者さんたちが何十人も一生懸命リハビリをされていました。私はその姿を見て、「よし、負けてたまるか」という気持ちになりました。それまで感じていた孤独感や不安感はなくなり、チャレンジ精神が湧いてくるようになったのです。こうしてリハビリに励むようになったのですが、そこでのリハビリは想像をはるかに超えた厳しいものでした。

歩く練習をするときは、車いすから強引に立たされます。しかし立とうとしても、すぐに転んでしまいます。ようやく立ち上がると、歩くようにと言われるものの歩けない、ということの繰り返しです。右手で物をつかむ訓練をしても何もつかめません。リハビリの最中はストレスばかりがたまりました。

そんなリハビリが3日、4日と続き、次に襲ってきたのは激痛でした。1カ月近く動かさなかった筋肉を動かす努力をする、しかも動かない手足を強引に動かそうとすると、肩や背中や腰に負担がかかり、耐え難い痛みに苦しめられます。私はかなり痛みには強いほうなので、ある程度の我慢はできるのですが、それでも夜中に看護師さんを2回、3回と呼ぶことになってしまいました。痛いうえに寝返りが打てず、独力ではトイレにも行くことができない。そのためまったく熟睡できず、少しウトウトすると痛みで目が覚める。そんなことを繰り返しているうちに朝が来る、という日々でした。

しかし、決してあきらめず2週間、3週間とリハビリを続けていくうちに、徐々に歩けるようになるものです。それからはストレッチをしたり、スクワット等の運動をしたりしながら、回復へと向かっていったのです。

余談ですが、このリハビリ専門病院でいろいろな方を見ました。

一人は若い男性の方で、いつも「痛い、痛い、やめたい」と泣きわめいていました。私は、その方に「治すためにこの病院に来たんだろう。この病院に入りたくても入れない人がたくさんいるんだ。嫌ならこの病院を出て行ったほうがいい」と叱咤《しった》激励をしたことがあります。

そうかと思えば、汗をかいて歯を食いしばりながらリハビリを頑張っている女性の方もいらっしゃいました。

また、ご高齢で地位も高いと思うのですが、いつも秘書が付きっきりという方もいました。リハビリの途中であるにもかかわらず、「疲れたようなので、もうリハビリはやめてください」などと、秘書が本人に代わって理学療法士にねじ込む姿も見ました。周りの人たちがその方に忖度《そんたく》して甘やかすものだから、本当なら回復しているはずなのに、リハビリが終わりません。結局、その方は一向に良くならず、いまだに車いすの生活だということです。

仲間とのふれあい

リハビリ病院に入院して2、3週間がたった頃のことです。「病室内は自分で歩いて移動するように」と言われ車いすを取り上げられてしまいました。そして、毎日のように看護師さんと一緒に外を歩くリハビリが始まりました。同時に話すことのリハビリも行いました。そのおかげで、何とか歩けるようになりましたし、十分ではありませんが、会話もできるようになりました。この病院のおかげで歩くこと、話をすることは大いに改善されたのです。しかし、いまだに右手は思うように動かせず物をつかむこともできません。

その病院に入院しているのは皆、私と同じように体になんらかの障害を抱えており、リハビリによって回復を目指している患者さんたちです。同じ目標を持って戦っているため、入院している間に戦友のような友だちも数名できました。

一人はとても有名な政治家で、もう一人は宗教団体の教祖でした。ほかにも、とある会社の経営者もいらっしゃいました。その病院は、患者同士が同じ食堂で食事をとるようになっていたので、おのずと友だちになっていくのです。

ある方は毎日のように、私が病室で読書をしていると遊びに来るようになりました。読書の邪魔はされましたが、人懐《ひとなつ》っこくて憎めない人でした。

その彼が私より先に退院することになりました。患者や看護師さんたちと拍手で見送ったところ、その方は号泣しながら退院していきました。そのときは、なぜ泣いているのだろうと不思議に思ったのですが、後日、自分が退院するとき、同じように号泣してしまいました。退院のうれしさか、リハビリの苦しさを乗り越えた喜びか、一言では説明できない感情が湧き上がってきたのです。

この病院を退院する方は皆、同じように涙を流しながら退院するそうです。見送る人たちは一足先に退院する戦友に心から「退院おめでとう」と言う。退院する人は、残った人たちに「もう少し頑張れ」とエールを送る。そんな仲間とのふれあいによって、人が生きるということを真剣に考えるようになりました。私がこの病になったことは、それまで62年間ただひたすら走り続けてきた人生を振り返り、「友人とは、仲間とは、そして生きるとは何か」ということについて考えるきっかけとなりました。

病は天が与えた気づきの場

この3カ月に及んだ入院生活は無駄ではありませんでした。これからの自分の人生を大きく変えていくことになるであろう気づきが与えられたと思います。私は62年間で初めて3カ月という長い期間、仕事を休みました。その間、今まで想像できなかったほど、じっくりと物事を考えることができ、また何十冊という本を読むこともできました。

ですから、もし本書を読んでくださっている皆さんの中で病気の方がいらっしゃったら、こう考えてください。

病気はつらいし苦しいものです。しかし、それは天が与えた気づきの場です。自分に与えられた試練であり、その経験を通じて自分を磨くことができます。もし寝たきりだとしても、考えることはできるでしょう。そこでじっくりと今までの生き方を振り返り、これで良かったのかどうか。これから先はどのような生き方を選ぶのかなどを考える貴重な時間になるのです。

私は脳梗塞という病を患《わずら》って、これまでの生き方を見直し、新しい生き方を考えるきっかけになりました。そのため、脳梗塞になった日を「第二の誕生日」ということにしています。1年後のその日、私は家族にケーキを買ってきてもらい、第二の誕生日をお祝いしました。

第二の人生は、足がうまく動かない、右手はまったく動かない、うまくしゃべれないというハンデを背負って生まれてきたんだと思うようにしたのです。

だから、この体を最大限に生かして精いっぱい生きていくんだ、という思いで第一歩を踏み出して今日があります。5年後、10年後そして20歳の誕生日を迎えるまで、さらに頑張るつもりです。

幸いにして健康な方も、今は考えるための時間を確保しやすい時期だと思います。私自身、新型コロナウイルス感染症の影響で在宅勤務の時間が増え、また少し考える時間ができました。

実はこの与えられた時間を生かし、自分が考えたこと、気づいたことをまとめたのが本書です。

新型コロナウイルスの影響で仕事の仕方が変わったり、家族のありようが変化したり、この本を読んでくださっている皆さんにもさまざまな変化や影響があったかと思います。新生活様式によって生まれた時間を、これまでの生活の見直しや今後のライフプランを考える時間としてみてはいかがでしょうか。

第2章

それまでの生き方

九死に一生を得る

私は1954年10月2日、フーテンの寅さんで有名な葛飾柴又で生まれました。ただ、生まれて間もなく東京の市部に引っ越したので、残念ながら柴又の思い出はありません。

実は、引っ越してからのことです。5歳のときに大きな事故に遭いました。幼稚園のバスを降りて、「先生さよなら」と言ったところまでは覚えているのに、その後の記憶はしばらくありません。私は、バスを降りてからその後ろを通って道路を渡ろうとしたようなのです。そこで反対車線を走ってきた車にひかれ、引きずられてしまいました。大人5人で車を持ち上げて、私を車の下から出してくれたそうです。あたりは血の海で、周りにいた人は皆、私は死んでしまったと思ったそうです。母親にかかってきた電話は、「息子さんが交通事故で即死されました」というものだったので、誰も私の死を疑わなかったのでしょう。

そのバスには幼稚園から大学まで同級生だった友だちが乗っていて、あとから、「お前の顔を見るとあのときの血の海を思い出す」とよく言われたものです。

救急隊の方も私は虫の息で病院まで持たないだろうと考えていたそうです。お医者さんも手の施しようがないので、輸血と点滴をして死を待つしかない状況だったということです。母親が病院に駆けつけてくれたとき、私は母の顔を見て一言「おかあちゃん」と言った記憶はおぼろげながら残っているものの、それから何時間気を失っていたのかわかりません。その後の記憶はまったくありません。

このように死を待つしかない状況だったのです。それでも私は周りの人々の予想に反して生き続けることができました。母親が一縷《いちる》の望みをかけて病院の先生に手術をしてほしいとお願いしたのですが、その病院では大がかりな手術ができなかったため、大きな病院に転院して手術をしてもらいました。ただ、その病院でも全身何カ所にも及ぶ手術にきっと耐えられないだろうと言われたそうです。しかし私は最後の手術まで耐え、何とか生還できたのです。当時は「奇跡の坊や」と言われ、新聞などにも取り上げられました。私を救ってくださったお医者さんは、私の症例を参考事例として論文などに使われたとも聞いています。

私が退院したとき、上野動物園に母親に連れて行ってもらったことは鮮明に覚えています。母親は私に「お前は1回死んだんだよ。でも神様が特別にお前に命をくれたんだから、無駄にしちゃだめだよ。でも神様は一つだけくれなかったものがある。お前から足は奪ってしまったから、一生歩くことはできないんだよ」と言いました。私は、その自覚がなかったので、「でもお母ちゃん、僕は歩くよ」と言ったことは、はっきりと覚えています。

母親は私の顔を見ながら涙をこぼしていました。でもそのときは、なぜ母親が泣いているのか理解できていませんでした。それから家に帰ったものの、歩こうとしても歩けない、立つこともできない、一歩歩くと崩れ落ちてしまう。ましてや二歩、歩くことはまったくできないという状況で、子どもながら、「これはまずい」と思いました。

しかし、子どもだったので、できないということを理解しておらず、ただ歩くんだと決めて無我夢中で、毎日歩く、歩く、歩くということを意識していました。小学校まで10分かからない距離に家があったのに、自分の足で歩いていくと1時間以上かかってしまいました。

それでも私は車いすを使わずに、松葉づえを使って一人で学校に通っていました。家に帰ると足が痛くて、痛くて我慢できず、母親に足をもんでもらわなければならないという状況が何年も続いたのです。

ちょうど5年生になったばかりの頃だったと思います。母親が再婚することになりました。母親はとてもうれしそうでしたので、その顔を見て良かったなと思ったときに、不思議なことが起こりました。急に少し歩けるようになったのです。最初はゆっくり一歩ずつ歩くような状態でした。ただ、少し歩けるようになると不思議なもので、徐々に速く歩けるようになったのです。

中学校に入学する頃には、ゆっくりですが走ることもできるようになっていました。私は陸上部に入って、もっと速く走れるようになりたいと思っていたのです。でも、そんな状況ですから、顧問の先生からは選手になるのはあきらめてマネージャーになるように言われてしまいました。

それでも自分はあきらめきれず、家に帰ってからも懸命に毎日5キロを走り続けました。その結果、夜になると足に激痛が走り、ビール瓶で足をマッサージしてもらわなければ眠れないような状態が続きました。それでも次の日には学校に行き、夕方また走って、夜には激痛に見舞われる毎日の繰り返しだったのです。

母親が涙ながらに「もうやめて。歩けるようになっただけで十分じゃない」と止めようとしました。お医者さんからも「歩けるようになったこと自体が奇跡なのだから、これ以上、無理はしないように」と言われたものです。ところが、この言葉を無視して私は走り続けました。そのようなことを繰り返しているうちに、徐々に足も走ることに慣れてきます。中学3年生になると、ある程度名前の知られた陸上選手として活躍するようになったのです。おかげで陸上で有名なある私立高校から長距離競走の選手としてスカウトが来るまでになりました。

交通事故で歩けなくなってから、とにかく歩いて、歩いて、歩けるようになり、さらに走って、走って高校の陸上部からスカウトが来たとき、私は「自分の意志さえあれば何でもできる、何にでもなれる」と確信したのです。

そのときに抱いた自分を信じる気持ちは、今もずっと持ち続けています。後述しますが、だから資本金100万円で立ち上げた小さな会社が、電電公社という当時のガリバー企業に対して、電話機の自由化で戦いを挑むことができたのです。

また、脳梗塞で倒れた後のリハビリでも、「経営者としてまだやり終えていないことがある。もう一度、戻るんだ」という強い意志があったからこそ、今があると思っています。

高校受験と司法試験に失敗

話を戻しましょう。

高校受験の際に、陸上部の友人たちは近隣でも難関といわれる高校を受験することを知り、私も同じ高校に通いたいと思いました。

しかし、部活動ばかりやっていて勉強をしていなかった私の偏差値は、その友人たちと比べて低かったので、かなり無理をしてその高校を受けたのです。中学校の先生からは、滑り止めの高校を受けるように勧められたほどです。しかし、私はそれを受け入れず、その高校だけを受験しました。

合格発表の日は、忘れもしない大雪の日でした。その雪の中で友人2人は合格し、自分だけ不合格という厳しい現実を突きつけられました。友人たちも私が不合格なので喜ぶことができず、私は泣くこともできませんでした。中学校の先生のところに報告に行き、どうだったかという先生の問いに、友人たちは「受かりました」と答えます。でも私は「落ちました」と言うしかありませんでした。

先生からは、「だから滑り止めを受けろと言ったじゃないか」と怒られましたが、もう後の祭りです。私は家に帰り、母親のひざの上でわんわんと泣きました。2時間くらいは泣いたでしょうか。そのあと私は母親に、「自分は中卒で働く」と宣言しました。

それでも、ある高校の二次募集があると中学校の先生に言われて試験を受けたところ、こちらは何とか合格できました。最初の志望校ではありませんでしたが、入学してからはスポーツだけでなく、勉学にも打ち込みました。その高校も有名な進学校でしたが、トップクラスの成績を取れるようになったのです。

周りからは、かなりレベルの高い大学を狙えると言われていたほどです。しかし高校3年生になると、だんだん憂鬱《ゆううつ》な気持ちが大きくなってきました。高校受験の失敗がトラウマになっていて、「また落ちたらどうしよう」という気持ちで押しつぶされそうになっていたのです。

幸か不幸か、私が通っていた高校は大学の付属高校だったため、いろいろな理由をつけて受験をすることをやめ、そのまま上の大学に進むことにしました。そして大学に入った後はアルバイトに明け暮れた日々を送り、真面目に出席していた授業は、英語とドイツ語と体育だけでした。それでも試験勉強はしっかりしていたので、良い成績を取っていました。

そんな学生生活を送っていたものの、当時、この大学には卒業論文がなく、そのかわり必ずゼミに入らなければならないという決まりがありました。そのゼミの中に「司法試験ゼミ」があり、この大学からも司法試験に受かっている人間がいることを知ったのです。そこで、自分も司法試験にチャレンジしようと決めて、そのゼミに入りました。

ただ一つ問題がありました。司法試験に合格するには、1日24時間すべてを勉強に充てなければならないほど、当時の司法試験は難関だったことです。高校のときから付き合っている彼女がいたのですが、デートをしながら勉強もして司法試験に合格するのは不可能だと思ったのです。

自分としては勉強に徹したかったのです。かといって、それを理由に彼女と別れるのも、何かおかしいと思っていました。考えた結果、一緒に住めばデートしなくてもいいし、別れなくてもいいし、勉強もできるから、結婚するのがベストな解決方法だと思いつきました。

幸いにして、たくさんアルバイトをしていたので、4年制大学を卒業したサラリーマンよりも収入が高かったのです。彼女一人くらい養うのは十分にできると思いました。

しかし、学生結婚に対して彼女の父親から激しく反対されてしまいました。だからといってあきらめることもできません。学生でも20歳を過ぎたら親の許可なく結婚はできること、またその辺のサラリーマンより高収入で彼女を養うことができることなど、反対理由を一つずつ論破していきました。

最終的に結婚自体は許可してもらえたのです。ただし司法試験へのチャレンジは大学在学中の2年間だけで、卒業してからは司法試験を受けてはいけない、司法試験に受からなかった場合、警察官になってはいけないという2点の条件を突きつけられたのです。そのうえ一筆を書かされました。彼女の父親は、私が警察官になったら、危ないところに飛び込んでいって真っ先に死ぬタイプだと見抜いたのでしょう。

私は、検事がだめなら警察官になりたいと思っていたので、さすがに「まいったな」と思ったものです。それでも約束したからには仕方がないと、2年間は無我夢中で勉強しました。六法全書を片手に食事をとり、お風呂やトイレにも必ず持って入り、歩いているときも六法全書を読みながらという生活です。1日24時間のうち20時間は勉強したと思います。それまでの視力は左右とも1・5だったのに、2年後には0・1まで下がってしまいました。

しかし、それほど勉強したにもかかわらず、1回目の司法試験も2回目も、見事に落ちてしまいました。そのため、大学卒業後はサラリーマンになるしか道はなかったのです。

ようやく出た内定に父は「いつ辞めてもいいからな」と言った

ところで、私の就職活動は非常に困難を極めました。なにしろ16社もの会社を受け続けて、ことごとく落ちたのです。

成績が悪いからではありません。卒業したら司法試験を受けてはいけないという約束を、妻の両親と交わしていたにもかかわらず、私は司法試験に合格して法曹界で働くことをあきらめていなかったからです。そのため、面接で「君はうちで何の仕事を希望しているのかね」と面接官から聞かれたとき、「事務です」と言っていたのです。

「なぜ事務職に就きたいのだ?」という問いに対しては、「司法試験の勉強がしたいからです」と正直に答えていたので、とにかくバンバン落とされました。

あまりにも内定を取れないものだから、大学の先生が心配して「体調が悪いのか」とまで聞いてくる始末でした。

「いや、僕は司法試験を受けたいのです」と、その先生に正直な気持ちを話したところ、「そこまで正直に答える必要はない。うそをつくのはよくないが、余計なことまで言わなくていいんだ」とアドバイスをしてくれました。そして、ある婦人服のメーカーを紹介してくれたのです。

その会社の面接では、先生のアドバイスを守った結果、ようやく内定を得ることができました。

早速、そのことを父親に報告したのですが、そのとき、父親に言われた言葉は今でも覚えています。

「いつ辞めてもいいからな」

やっとの思いでもらった内定なのに、いきなり「いつ辞めてもいい」はないだろうと思い、怪訝《けげん》な顔をしていたところ、父親はこう言ってきたのです。

「その会社は、いい会社なのか」

答えに窮《きゅう》していた私に、父親はこうも言ってきました。

「実際に働いてみないと、その会社が本当にいい会社なのか、働く価値のある会社なのかどうかはわからない。もし働いてみて、ここは自分の働く場所ではないなと思ったら、辞めなさい。再就職先も納得できなかったら、そこも辞めなさい。とにかく20代のうちは自分探しのつもりでいなさい。一度入社したら何が何でもそこで働き続けるんだなどと考えていると、自分自身を殺すことになる。言いたいことも言えなくなる。そんな人生を送ってはいけない。でも30歳になっても、まだフラフラしているようでは人間失格だ」

今にして思えば、このときの父親の言葉はとても的確だったと思います。今、20代の方が会社の仕事、自分の働き方に疑問を持っているのであれば、何も無理して自分を組織に合わせて働き続けることはありません。自分が納得して働ける場所が見つかるまで転職を繰り返せばよいのです。

そして私は実際、新卒で入った会社を辞めて転職し、そこも辞めた後、独立して事業を始めることになりました。

私にとっての仕事の原点

16社の就職試験に失敗し、ようやく入社した婦人服メーカーでは総務人事部門に配属されました。希望通り、事務職です。

この仕事が自分にはまりました。私の担当する人事の仕事は、労働基準法や労働安全衛生法、厚生年金保険法というように、法律に絡む業務がたくさんあったからです。もともと法律に興味があったので、どんどん仕事にのめりこんでいきました。とにかく法律を学ぶことが楽しかったので、ついでと言っては何ですが、社会保険労務士の試験を受けて合格しました。

こうなると、仕事がどんどん面白くなっていきます。正直、当時の私には仕事で功績を上げ、昇進・昇格して、部長、役員、社長になろうなどという気持ちはまったくありませんでした。ただひたすら自分が面白いと思える仕事のプロになるため、徹底的にその道を追求してやろうという気持ちだけで働いていました。

読者の中には、「仕事なんて全然面白くない。苦役みたいなもの。毎月もらっている給料は、つまらない仕事をしていることの我慢料だ」などと思っている人もいるかもしれません。

でも、仕事は徹底的にやり抜くと、がぜん面白くなっていきます。

私自身が、仕事の面白さに目覚めたエピソードを紹介しましょう。

大学時代にビラ配りのアルバイトをしていたときのことです。それは家庭教師協会のビラで、「大学に合格したら家庭教師になりませんか」と書かれています。それを予備校の前を通る予備校生に、一人ひとり手渡しするというものでした。ノルマは100枚。でも、なかなか受け取ってもらえません。一緒に働いていた人の中には、配れなかったチラシをゴミ箱に捨てて帰る人もいました。

チラシ配りは、チラシを受け取ってもらって初めて自分の仕事をしたことになります。帰りがけに、配れなかったチラシをゴミ箱に捨てているのでは、給料泥棒となんら変わりません。そこで、「なぜ受け取ってもらえないのか」、「受け取ってもらう方法はないのか」を必死に考えました。

相手の立場を考えたとき、答えが出てきました。予備校に通っているということは、あたりまえですが浪人生です。受験に失敗して浪人している立場の人たちに「合格したら……」などと言ってチラシを渡そうとしても、次の受験で合格するかどうかもわからないのですから、受け取るはずがありません。彼らが何よりも欲しいのは「合格」という二文字なのです。

そこで私は文房具屋に行って、赤いマジックと封筒を購入し、そこに「合格祈願」の文字を書いて、それを配るようにしました。

そうしたら皆、喜んで受け取ってくれるようになったのです。1日かけてまったく受け取ってもらえなかったチラシがわずか20分間で100枚全部を配ることができました。このとき、初めて「仕事って面白いな」と感じることができたのです。

これが私にとっての仕事の原点といってもよいでしょう。人に楽しんでもらえる、あるいは喜んでもらえることを徹底的に考え、そこに自分自身の楽しみを見いだせるようになれば、仕事人としてプロといってもよいでしょう。

プロ論

ついでといってはなんですが、「プロ」という言葉が出てきたので、サラリーマンにとっての「プロ論」を少しお話ししたいと思います。

プロというと野球選手、サッカー選手といったスポーツ関係、あるいは弁護士や税理士といった士業の人たち、あるいは医師といった専門知識で働いている人たちのことが真っ先に浮かんでくると思います。もちろん、会社員だってプロ意識を持って働くことはできますし、またそうあるべきだと思います。

今サラリーマンとして働いている方は、なぜ、その会社で働こうと思ったのかを考えてみてください。

「有名な会社だから」、「その会社なら一生安泰だと思ったから」と言う人は、残念ながらプロとは言えません。そういう人は大概、上司や同僚、あるいは部下といった人間に使われてしまいます。言い方を換えると、人間関係を保って自分のポジションを維持しようとしますから、やがて人間関係に疲れてしまい、神経をすり減らしてしまい、ストレスをため込んでしまうでしょう。

逆にプロと呼ばれている人たちは、人間関係よりも仕事、その仕事が誰のためにあるのかということに対して常に忠実です。たとえば医師であれば、病人のために病気を治すことに全力を尽くします。料理人は目の前のお客様においしいものを食べてもらうことに全身全霊を傾けています。

でも本来、それは会社員だって同じはずです。上司や同僚、部下の目を気にする前に、自分が所属している会社が何のためにあるのかをしっかり考えて、会社のお客様に喜んでもらうことに全力を尽くすべきでしょう。それでこそプロの会社員なのです。

仕事は、誰のために、何のためにやっているのかという本質さえ理解していれば、周りの人たちのことなどいっさい気にする必要はありません。だから、お客様のために必要なことはバンバン進言するべきだと思うのです。

もちろん、それが非常に難しいことは、私自身も会社員を経験したので、よくわかります。心で思っていても、「この上司ににらまれたら会社にいられなくなる」、「こんなことを言ったら組織になじめない変なやつだと思われてしまう」といった考えが先に立ち、周りの人間関係に気をつかって何も言えなくなってしまう人は大勢いました。でも、そんなことをして何になるのでしょうか。お客様に喜ばれる商品・サービスは何も生まれないと思います。

だからこそ若い人たちには勇気を持って、その壁を乗り越えてもらいたいのです。自分は仕事のプロなんだという意識を強く持ち、その壁を乗り越えれば、仕事は無限に楽しくなるはずです。そして、これが働くことのモチベーションにつながっていくのです。

3年働いた会社に退職願を提出

こうしてサラリーマンになった私は、人事という仕事に喜びを見いだすようになり、毎日一生懸命に働きました。

ところがある日、上司や同僚の働き方に疑問を覚えるようになりました。

その会社の人たちは、午前9時から午後5時という決まった時間だけでなく、定時を過ぎてからの残業手当をもらうために働いているように見えたのです。昼間はほどほどに働き、仕事を残して残業する。年功序列賃金だったので新入社員の給料はとても低いのに、長い時間、会社で残業している人は、能力がなくても高い給料をもらえるという、典型的な日本企業でした。

一方、仕事は時間内にこなすものだと思っていた私は、毎日午後5時までにしっかり仕事を終えて帰っていました。自分では誰よりも仕事を一生懸命、効率良くやっていると思っていたのに、給料日に袋を開けてみると、残業手当がつかない自分の給料は誰よりも低い。このことに理不尽さを感じていたのです。

その会社の中で、私はいろいろな問題を起こしました。私なりにプロとして何が正しいかを考え、実行したからです。今考えるともう少しやり方はあったように思います。でも、今でも考え方自体は間違っていないと思っています。

たとえば、社長から車を運転して取引先に連れて行けと命じられたとき、「自分は運転手じゃない」と言って断ったことがあります。

別に運転手を自分よりも低く見て、そういう発言をしたのではありません。免許は持っていましたが、右ハンドルの車しか運転した経験のない私が左ハンドルのベンツを運転して事故を起こしたら、それこそ社長の命に関わる問題になります。だから断りました。

また、午前9時ぎりぎりに出社して、タイムカードをその時間に押す人たちがいました。9時から仕事を開始しなくてはいけないのに、「9時にタイムカードを押すのは遅刻だ」と主張して遅刻扱いにしたこともあります。このときは、労働組合の人たちから、大いに突き上げを食らいました。

これも少し考えれば、おかしいことは誰にでもわかります。この会社ではタイムカードが置いてある場所と実際に働く場所は離れていたので、始業時間である9時ギリギリに会社に着いてタイムカードを押しても、自分の職場に行き、働くことのできる準備が整うまで何分かロスタイムが生じるからです。本来、働き始める時間からカウントするべきです。9時ぴったりに業務を開始できるようにするためには、8時45分くらいまでに会社に来て、タイムカードを押さなければなりません。

これについては、私はどれだけ突き上げを食らっても曲げませんでした。そのうち1カ月、2カ月が過ぎた頃には、ほとんどの社員が9時15分前に出社するようになりました。

そのサラリーマン生活も3年目を迎えたとき、冒頭で触れたように残業時間について疑問を感じてしまったのです。

人事担当だった私は、社員全員の残業時間や残業代を把握できる立場にありました。同期が50人ほどいたのですが、そのほとんどの人たちは毎月4~5万円程度の残業代がついていました。それでも最初は「営業は忙しいんだな」という程度にしか考えていなかったのです。あるとき、同期で飲もうということになり、その場で「お前らすごい残業やっているんだな」と聞いたら、「大久保は?」と聞かれたので、素直に「残業なんかしないよ」

と答えました。

すると、「よくこの会社で残業もせずに食べていけるな」と言われたのです。皆、忙しいわけではなかったのです。ただ給料が安かったので、毎日、特に何をするわけでもなく、19時、20時まで残業していたことがわかりました。しかも19時を過ぎても会社に残っている人に対しては、夕食手当までついていたのです。

私は朝早く出社して、定時には帰る毎日でした。残業代はつかなかったので、基本給が10万円で、手取りは8万円程度です。でも同僚たちは働かず、ただダラダラと会社にいるだけで、手取りが14万円程度になっていたのです。

実はそれを知って、私も1カ月間だけ同じことをしてみました。確かに給料は増えました。でも、17時までに終われる仕事を20時まで残ってやるのは馬鹿らしいと思い、すぐにやめました。こんなことで自分の給料を増やすなんて、腐っているとさえ思いました。

そこで私は営業に配転してくれるように上司に掛け合いました。でも、相手にしてくれません。納得できないのは私のほうです。そこで再び条件を出しました。今のまま総務人事で働くのであれば、社員すべての残業手当を廃止にしてくれと迫ったのです。

決められた仕事は決められた時間内に終わらせる。逆に残業をしている人に対しては、その人の評価を下げるくらいでないとダメだとも主張しました。ちゃんと決められた時間内に仕事を終わらせる人間が評価されず、仕事をせずに20時まで残業している人たちの給料が増えるというのは、どう考えてもおかしいと訴えかけました。しかし、これも受け入れてもらえませんでした。

そうなれば、もう後は私自身が会社を去るだけです。こんな仕事の仕方をしていたら、いつか自分がつぶれてしまうと思い、3年間働いた会社に退職願を提出しました。

その後、私は外資系の会社に転職しています。その会社は固定給のないフルコミッションの会社で、生まれて初めて営業を経験しました。幸いにして非常に良い営業成績を上げることができ、収入も前の会社の年収をはるかに上回ることができました。

入社して数カ月で、私はリーダーになったのです。ところが、部下が次から次に辞めていくという事態に直面しました。研修を受けて売上が立つまで早い人で1カ月、遅い人だと数カ月はかかります。フルコミッションの会社だったので、固定給が1円もなく、営業経費などがすべて自分持ちになるためです。

これでは交通費や昼食代などを含めて、1日あたり2000～3000円くらいが持ち出しになります。10日で2～3万円、20日だと5万円前後になりますから、かなりの経済的負担です。それに耐えられない人がどんどん辞めていくのです。

せっかく会社に入ってきた人が辞めてしまうのは非常にもったいないことだと思ったので、私は会社側に「月5万円でもいいので固定給を払うべきだ」と進言しました。しかし、やはり受け入れてもらえませんでした。私は前の会社で総務人事の仕事をしていたので、この会社の考え方には納得できず、高収入を得ていたにもかかわらず辞めてしまったのです。

起業のきっかけ

会社を辞めた後、何をしようかと考えていました。その間、特にやりたいこともなく、ぶらぶらしてばかりいたので、両家の両親から、「働かないならば別れるように」と言われてしまいました。仕方がないから別れるしかないかなと思っていると、妻から「なんで働かないの。会社に行けば嫌なことだってある。夫婦だって嫌なことを我慢しなくてはいけないこともある。あいつが駄目だ、こいつが駄目だと、人のせいにして偉そうなことばかり言うのなら、自分で会社をつくればいいじゃない」と言われたのです。

会社に就職することばかりを考えていた私にとって、妻の言葉は目からうろこでした。自分で会社をつくるという方法があったことに、それまで気がつかなかったのです。

私はその夜、興奮してまったく寝られません。朝になって妻に「目が覚めた」と言ったところ、「朝だから、あたりまえでしょう」と笑われてしまいました。

「いや、本当に目が覚めたんだ。僕は経営者になる」と宣言して、両家の両親にも集まってもらい、経営者になるという話をしました。まだそのときは、なんの会社をつくるのかも決めていなかったものですから、妻の父親には「話にならん、娘を連れて帰る」と激怒されました。それでも多少の猶予期間をなんとかもらい、その期間で決められなければ離婚届にサインをすることを約束しました。

ところが、毎日考えてもさっぱり思いつきません。そんな状況のときに、学校の先輩から「ひまならアルバイトに来い」と言われ、ある大手の電機メーカーに行きました。そこは電話機をつくって電電公社（現在のＮＴＴ）に納めているということでした。

私は、よく理解できなかったので先輩に詳しく聞いたところ、「民間企業にも直接売れるんだけれど、電電公社に売ったほうがたくさん売れるし、手間もかからないから儲《もう》かるんだよ。下手に民間企業にたくさん売って、電電公社に目をつけられて取引を減らされても困るしね」と言うのです。

メーカーから直接、民間企業に売れば、電話機の価格を安くできます。それなのに、電電公社を経由させて売ると、多額の中間マージンが上乗せされます。その結果、最終利用者が高い料金を払わなければならないなんて、おかしな話だと感じました。そのとき、私はメーカーから直接商品を仕入れて、民間企業に安い価格で電話機を売る会社を立ち上げようとひらめいたのです。これが私の起業のきっかけです。

当時32万人の社員がいた電電公社のライバル企業となります。半官半民の超巨大企業に、自分一人で会社を立ち上げ、挑戦しようなんて無茶な話であることはわかっていました。しかし、それを行う意義を考えて出た結論は、「これから情報通信社会を迎える中で、電電公社が電話回線や電話機などすべてを握ってしまっていると、市場の競争原理は働かず、情報通信社会の発展のためにはマイナスだ」ということでした。１９８０年秋、私は「打倒、電電公社」を掲げ、電話機の自由化を目指すことを決意したのです。

しかし、そのときの会社は資本金１００万円、社員一人、銀行からも周りからも「できないことを言うもんじゃない」「大ぼら吹きだ」など、さんざんひどいことを言われました。私は、「やってみなければできるかどうかわからない。それならやってやろうじゃないか」と奮起したものです。

そして、電話機を簡単に売れる方法と仕組みを考えました。リース会社と交渉して、電話機の販売にワンライティングリース（それまでのリースは手形方式で、企業にとって大変面倒な仕組みでした）という仕組みを通信業界で初めて取り入れました。また、小さい会社から安心して買ってもらえるようメーカーと交渉して10年保証をつけてもらったり、その後の情報通信業界の基礎になるような、さまざまな仕組みをつくりました。

自分で言うのもおかしいのですが、このビジネスモデルが良くできていたため、民間企業のお客様は電電公社からではなく、当社から電話機を購入してくださるようになります。おかげで業績はどんどん伸びていきました。当時私は26歳でしたが、半年で純利益が1000万円になるような会社に成長したのです。

そのような状況を電電公社も、電電公社を管轄していた郵政省も快く思わず、いろいろな圧力や嫌がらせを仕掛けてきました。私は「このまま一人で戦っていたら負ける」と思ったのです。そこで日本全国に仲間をつくるため、街の電器屋さんや不動産屋さんに対して、自分のビジネスモデルやノウハウを無料で説明しながら、この業界に参入してもらうよう勧誘して日本全国を回りました。

その結果、1万社以上の同業他社ができたのです。これで電電公社の電話機は、民間の電話機に次々切り替わっていきました。会社設立から5年後の1985年には法律が改正され、電話機の完全自由化が実現します。家庭にあった電電公社の黒電話も使わなくてよいということになり、ようやく電話機は電器屋さんで自由に買える時代が到来したのです。

倒産の危機からの飛躍

私は会社の信用がもっと必要だと感じ、株式上場を視野に入れ、拠点拡大や本社移転の準備をしていました。銀行との交渉、管理体制の強化など多くのことをやらねばならず、会社を出るのが夜の1時、2時になることも珍しくありませんでした。そのような中、大阪に支店をつくって、さらなる事業の拡大に取り掛かろうとした頃です。当時、東京にいた24人の営業社員のうち20人が辞めるという大造反がありました。

その日は、たまたま大阪にいたのですが、東京本社の社員から「すぐに戻ってきてください」と電話が入ります。そこで夜中の1時過ぎに東京へと戻ったところ、社員全員が待っていて、その中の一人が巻紙を開いてその中身を読み上げ始めたのです。

私は、それが労働組合の労使交渉だと気がついたとはいえ、提示された条件を全部飲むことはできないと返事したところ、20人の営業社員がバッジを外し、社員証を置いて夜中の2時頃に去っていきました。残った社員は営業4人と事務12人でした。

「みんな、お腹すいてないか」

私は残った社員にそう言って、新宿に焼き肉を食べに行きました。その後、カラオケに行き、朝になってようやく着替えるために自宅に帰りました。家に着き、家族が寝ている姿を見た瞬間、このまま会社がつぶれてしまうかもしれないという恐怖心に駆られ、ガタガタ体が震えたのを今でもはっきり覚えています。

帰宅後、お風呂に入りながら考えたことは、「事務員は2人いれば足りるから、10人には辞めてもらおう。大阪の社員6人にも辞めてもらおう。営業社員4人と自分がいれば会社を立て直すことができる」というものでした。

このように対処法を決めたものの、家を出て会社に向かう途中、朝日が重く感じられるほど憂鬱でした。責任のない社員を犠牲にしても本当にいいのだろうか、自分は間違った判断をしているのではないかという思いが浮かんでは消え、何度も考え直しました。

最終的に下したのは、20人が辞めたのであれば、新たに20人を採用すればよいという決断です。20人の社員を募集するときの経費と、彼らが営業として売り上げに貢献できるようになるまでの期間の資金繰りができればいいんだと腹をくくったのです。

出社すると、残った社員たちが最初に自分が考えたリストラ案とまったく同じ案を提案してきました。彼らの話を聞いたうえで、実は自分も2時間前に、皆と同じ考えだったこと、しかし責任のない社員を犠牲にすることが正しいとは思わないと伝えたのです。そして、自分は大阪で6人の営業担当者を連れ歩いて教育するから、皆は20人の新入社員を5人ずつ連れて歩いて教育してほしい。1年後には元の状況に戻るし、その間の資金繰りは自分が何とかするから、と説得しました。

しかし、資金繰りの相談で銀行に行ったところ、銀行の支店長にも同じリストラ策を言われました。銀行では話にならなかったので、生まれて初めて自分の父親に頭を下げて、1年間の運転資金を貸してもらいました。そして採用に応募してくれた人を、ほぼ無条件で20人採用したのです。

それから、私の東京と大阪を往復する毎日が始まりました。朝一番の飛行機に乗り、午前7時50分に大阪に着いてタクシーで会社に行く。会社の鍵を開け、出社してきた社員6人を連れて1日、50～60件の飛び込み営業をして18時くらいに会社に戻る。20時に会社の鍵を閉めて新大阪駅に向かい、最終の新幹線に飛び乗って23時40分くらいに東京駅に到着する。それからタクシーで会社に0時半に着いてから、東京本社の営業社員4人とミーティングを行い、会社の椅子や机、床で毛布にくるまって寝ました。そして翌朝6時過ぎには、一人会社を出てまた羽田空港に向かうという生活を、月曜日から金曜日まで1年間続けたのです。

その結果、4人の社員の頑張りと新しい社員の成長もあり、1年後には過去最高益を出すまでに業績を回復させることができました。

その後、さらに事業を拡大するために、大手百貨店との提携を模索していたときのことです。当時の百貨店は勢いもありセールス力が強かったので、まだ自分の会社だけでは取引をしてもらえる力がありませんでした。そのため、銀行の力を使わせてもらおうと考え、当時の住友銀行で高いポジションにあった方にお願いして、大手百貨店と取引できるように取り計らってもらいました。

余談ですが、私の義理の父は会社を経営しており、私が起業したときにこう言われました。

「秀夫君、住友銀行との取引はやめておけ。あの銀行は、厳しくてケチだから」

しかしながら、私はメインバンクを住友銀行にしました。それだけ厳しいのであれば、住友銀行がメインバンクを務める会社は信用してもらえるはずだと思ったのです。

案の定、どこの大手百貨店に行くときも、住友銀行の支店長に同席してもらうと話がスムーズに通り、取引を始めてもらうことができました。

百貨店以外でも、たとえば広島のマツダも同じで、やはり住友銀行のおかげで取引のきっかけをつくってもらうことができました。

上場を果たす

こうして会社も順調に伸びてきた頃、日本ソフトバンク（現在のソフトバンク）の孫正義氏から「今日の夜、空いているか」という連絡がありました。2人とも忙しかったので23時くらいの遅い時間だったと思いますが、会いました。すると彼は、「今の新電電をどう思う？　成功するかな？」と問いかけてきました。

新電電とは京セラ、トヨタ、ＪＲなどがつくった新しい電話回線会社3社（第二電電、日本高速通信、日本テレコム）の総称です。

私は、「あれでは成功しない。絶対失敗すると思う」と答えたのを覚えています。

それに対して彼は、「電話機の自由化だけで何の意味があるんだ。電話の通話料が高いのだから、誰も使わないじゃないか。使われない電話機を自由化してなんの意味があるんだ。電話回線こそ自由化しなければ意味がないじゃないか」と言ってきたのです。

昔、私がサラリーマンをしていた当時のことです。神戸の支店に電話するときは、部長の席まで電話を借りにいかなければなりませんでした。普通の社員のところに置いてある電話は、ゼロ発信規制といって、地方の市外局番が使えないようになっていたのです。

私が神戸に電話をかけようとすると、部長から神戸に電話する用件を聞かれました。正直に用件を話すと、「そんなことなら手紙を書け」と言われました。神戸なら手紙でも翌日に届くし、切手代は封書60円でした。それに比べて市外通話は3分間４００円という、今では考えられないような高い金額だったのです。

せっかく電話機は自由に買えるようになったのに、自由に電話がかけられない、そういう時代でした。

新電電3社とともに、市外通話の料金が30％安くなるというふれこみでした。

しかし当時、回線料金を安くするためには、自分のいるところからその電話先にかける回線で一番安いところがどこなのかを3社の中で比較し、一番安い電話回線会社の選択番号を市外局番の前につけて電話するという方法でした。それはとても面倒であり、せっかく新電電ができて電話料金が安くなっても、非常に使いづらいものだったのです。

そこで孫氏は、新電電を応援するためにNCC・BOX（全自動新電電選択アダプター）をつくろうと提案してきました。それは電話機につけるだけで、自動的に一番安い電話会社の回線を選んでくれる切り替え装置でした。私は彼に賛同し、それから1年半にわたる開発の戦いが始まったのです。

毎日、夜の10時から夜中の1時、2時まで設計や図面についての打ち合わせをファミリーレストランで行いました。そして、後に13件の特許を取得したNCC・BOXを開発したのです。このNCC・BOXを日本中に普及させるために、お客様には無料で配り、収入は利用者を紹介した新電電から得るという新しいビジネスモデルもつくりあげました。

こうして新電電のシェアをあげていきました。

その結果、私の会社は株式の上場を当時最年少社長、最短記録で実現することができたのです。そして株価も1200億円以上の時価総額がつき、連日連夜、新聞や雑誌に取り上げられ、時代の寵児《ちょうじ》としてマスコミにもてはやされました。

ところがそんなことも束の間で、1990年に取引先であるメーカーの子会社が財テクの失敗で倒産してしまうという事件が起きました。そのメーカーとは1年以上かけて開発していた受発注システムの端末がありました。その商品を倒産した子会社がつくっていたのです。

その商品は、あるお得意様の創立50周年記念に配布して、顧客との受発注端末として活用していただく予定でした。その商品を完成させるため、お得意様の会社も何十億円もの投資をしてくださっていたのです。ところが納品の1カ月前に突然、メーカーから電話があり、「商品が差し押さえられたので納品できない」と言われたのです。

私は電話を受けてすぐ、お得意様の会社に行き、商品が納品できなくなったことを説明しました。

もちろん、お得意様は烈火のごとくお怒りになり、私を訴えると言われたのです。しかし、大切な50周年記念を無事に行うことが第一です。私は訴えてもいいけれどもライバル社の類似品を定価で仕入れ、原価で卸すという条件を提示し、納得していただきました。

当然、売れば売るほど赤字です。私の会社には27億円の逆ザヤが発生し、最終的には21億円もの赤字におちいることになりました。当時、1200億円あった株式時価総額も50億円まで目減りしてしまったのです。株主やマスコミからも叩かれ、自宅には新聞記者が私のコメントを取ろうとして張り込んでいたため、帰ることもできませんでした。

実は、私が商品を発注していたメーカーの子会社が倒産したことは、納品先のお得意様にはいっさい話していませんでした。メーカーを選んだのは私なので、すべての責任は私にあります。そのことはお得意様には関係ないと考えたからです。後日、納品できなくなった理由を知ったお得意様は、「なぜそのことを言わなかったのか。君のせいではない」と言ってくださいました。そのうえ自分の会社の顧客や取引先に対して、私の会社を応援するように働きかけてくださるようになったのです。

また、倒産した子会社の名前を私が言わなかったので、メーカーの顔も立ち、後に何倍もの取引をしてくださるようになりました。このように皆さんから応援していただいたことで、私の会社は持ち直すことができました。大事なことは、言い訳をしなかったこと、逃げなかったことだと思います。

新しいあたりまえ

本書は私のビジネスについて紹介することが本論ではないので、事業に関するエピソードはこの辺で割愛させていただきます。その後も私は、情報通信業界に対する「新しいあたりまえ」というコンセプトで新しい事業を始め、またその都度分社化していきました。

たとえば、１００メガの光ファイバーを使ったＩＰ電話です。電話料金は、かける場所の距離によって違っていたのですが、インターネットを使用することによってどこにかけても一律３分７・５円という金額。しかもＩＰ電話同士ならば通話無料で、電話番号を変える必要もないという、今となってはあたりまえですが、当時は画期的な商品・サービスをいくつも情報通信業界に打ち出してきました。業界はもちろん、社会をも変える一助となってきたと自負しています。

このようにお話しすると、情報通信の第一人者と思われるかもしれません。ところが実はそんなことはありません。私は結果的に情報通信産業で会社を立ち上げて今に至るのに、学生の頃から情報通信に関心があったわけではありませんし、この分野について何か特別な勉強をしたこともないのです。

それどころかスマートフォンさえ使いこなせていません。パソコンも苦手ですし、自宅にあるＤＶＤの使い方もよくわかりません。「それなのによく情報通信の会社のトップが務まりましたね」などと言われることもあるほどです。私はむしろ何も知らない素人だからこそ、このようなさまざまな事業やサービスを思いついたのだと理解しています。

もし、私がスマートフォンやパソコン、タブレットなどを縦横無尽に使いこなすことができたら、いっさい不便さを感じることはないでしょう。そうなったら、おそらく何のアイデアも浮かばないと思います。たとえば自分でスマートフォンを使ってみて「ここがわからない」「不便だな～」と思うからこそ、その不便さを解消するためにはどうすればよいのかを必死に考えて、それが新しいサービスへとつながっていくのです。

ビジネスの基本はお客様に喜んでいただくことです。そのためには、お客様が日常で不便だと思っていることに気づき、それを解消して差し上げれば、お客様は喜んでくれます。

このように、情報通信業界における「新しいあたりまえ」に対するチャレンジを、会社を立ち上げた26歳のときから40年近く続けてきました。それができたのは、私が情報通信をまったく知らなかったからです。

その私も55歳のときに社長を譲り、会長職となったことで、それまでよりも少し時間ができました。

そこで今度は、社業を通じて取り組むことができていなかったものの、社会課題と感じていたさまざまなことに挑戦を始めました。

まずはこれからの日本を担う若手企業家を育てなければと考え、全国の若い経営者を集めて塾をつくり、講演活動に励むようになりました。

また、日本が少子高齢化に向かっていく中で、企業が日本国内だけを相手にしていたのでは、じり貧になるのは自明です。東南アジアを中心としたこれから人口が増えていく地域、たとえばカンボジア、ベトナム、ミャンマーなどの国に対して、日本企業の進出を勧めたり、進出する企業のサポートを行ったりすることも始めました。

さらに、これらの国は教育に課題を持っていたため、現地の人々を育てるための教育支援も行っています。社長を譲って時間ができたのも束の間、経営者を指導するための塾や講演のため、土日も日本全国を飛び歩いていました。夜に日本を出発して翌朝東アジアの国に着き仕事をして、また夜行便に乗って翌朝日本に戻るというような海外出張を毎月のようにこなすなど、東奔西走《とうほんせいそう》の忙しさとなりました。

気力があふれていたし、自分の体力には自信があったので、あまり疲れを感じていなかったのです。しかし私の体は悲鳴を上げていたのだと思います。第1章で紹介した通り、脳梗塞で倒れてしまったのです。

それまでの私の人生は「私」の部分がほとんどなく、家庭を顧みることがない仕事一筋の人生でした。そのような私が62歳のときに脳梗塞で倒れて、はたと思ったことは、「いったい仕事って何なのだろう」ということです。仕事を夢中でやっているときは、それがあたりまえだと思っているので何の疑問も感じず突き進んできました。

おそらくこの本を読んでくださっている皆さんも、仕事をしているときはそんなことを考えることはほとんどないと思います。

ただ、仕事から少し距離を置いて冷静になったとき、「いったい仕事って何なのだろう」、「何のために働いているのだろう」と考えることは、自然なことなのかもしれません。

私の友人にがんの専門医がいます。年間何人もの患者を看取《みと》っています。そのほとんどの方々は、「いったい私の人生は何だったのだろう」と自問するそうです。

それまで、仕事や生活で忙しく自分の人生を考えたことがなかった人たちが、死を前にしていろいろと考えるようになり、自分の人生や仕事に対して初めて疑問を感じるのでしょう。逆に言えば、死を目前にするまで、仕事とは何か、人生とは何かという本質について考えたことがなく、そこがわからないまま生きている人が多いのだと思います。


読者の皆さんは、人生の本質について考えたことはありますか。私自身もそうでしたが、1日1日を一生懸命生き、充実していると感じている人ほど、こうしたことを立ち止まって考える機会は少ないのではないかと思います。

人生100年時代と言われています。仮に100歳まで生きたとすると、60歳もしくは65歳で定年退職をした後、約35〜40年もの時間があるということです。それまで仕事第一で生きてきた人が、その時間を仕事抜きで生きていくためには、「人生とは何か」という本質を考えない限り、死ぬ直前に「最高の人生だった」と後悔のない生き方をすることはできないと思います。

在職中の方には、仕事とは何かということ、すでに退職された方には、人生はどうあるべきかということを、本書を通じてじっくりと考えていただきたいと思います。

第3章

余命3カ月の発想で考える
企業・経営・仕事の本質

社会性、独自性、経済性

この章では、企業、経営、仕事の本質とは何かについて考えていきたいと思います。私が経営者であることから、経営者としての立場を中心にお話しさせていただきますけれど、経営者以外の方にも非常に大切なことですので、「自分が経営者になったならば」という視点からも一緒に考えていただきたいと思います。

今、世界には数えきれないほど多くの問題があふれています。災害、人権、貧困、環境、紛争、過疎、エネルギーなど数多くの問題の原因になっているのは、「自分だけが良ければ」、「今だけ良ければ」という考え方です。

世界のさまざまな国で格差が広がり、格差社会が固定しつつあります。世界の資産の保有上位8人の総資産が世界人口のうち下位50％の36億人の総資産に匹敵すると言われています。

1988年から2011年にかけて、世界人口のもっとも貧しい1割の人たちの収入増はたったの65ドルでした。

これに比べてもっとも豊かな1割の人たちの収入増は同じ期間で1万1800ドルにもなります。最貧困層の収入増に対して、182倍もの増加になっています。

こうした格差問題が、人々を苦しめる世界共通の問題の一因であるといえるでしょう。たとえば企業は儲けることが目的となり、儲けるために社員や商品、サービスさえもが手段の一つとして見なされています。企業が儲からなければ社員をリストラし、商品やサービスのための経費を削減するということが平然と行われています。企業が経済性ばかりを追い求めようとするため、独自性や社会性は二の次になっています。

昔の日本企業の経営は、良いことなのか、それとも悪いことなのか、人様のお役に立つものなのかどうかという判断基準で行われていました。

近江《おうみ》商人の「三方良し《さんぽう》」という言葉に表されるように、「相手」、「自分」、「世間（社会）」のすべてにとって良いことでなければならないという考え方や、「浮利《ふり》を追わず」、「和をもって尊しとなす」などの精神が大切にされてきました。

ところが日本のバブル経済が崩壊して、多くの日本企業が自分たちの経営に自信を失います。やがてアメリカ型の経営を積極的に導入するようになってからは、「儲かるか、儲からないか」ということだけが重視され、日本的な経営は「時代遅れの考え方」とみなされて、後退してしまいました。

しかし、アメリカ型の経営が正解かというと、決してそうではありません。金融資本主義とセットになったアメリカ型経営は、利益追求が行き過ぎるあまり、とんでもないモラルハザードを引き起こすケースがあります。

そのもっとも悲惨な例が2008年に起きたリーマンショックでした。儲け主義が起こした典型的、かつ世界的な金融破綻です。これは起こるべくして起こったマネーゲームの末路であり、大きな問題であると思っています。

企業経営にとって正しいのは、最初に「社会性」があるかどうかを考えたうえで、事業に「独自性」があるかどうかを熟慮し、最後に経営を持続するために「経済合理性」を検討するという順番だと考えています。

すなわち、「経済性」、「独自性」、「社会性」ではなく、「社会性」、「独自性」、「経済性」という順番で経営を行っていくことこそが大事であり、正しい経営の在り方なのです。

企業は社会の公器と言われます。このためステークホルダーであるすべての者に対して真摯《しんし》に向き合う必要があります。

社員に対しては給与や教育、やりがいによって、取引先に関しては適正価格、継続取引によって、お客様に対しては商品やサービスに対する安心安全によって、株主に対しては配当の継続性によって、そして地域社会に対しては雇用や利益還元を通じた貢献度や地球環境保全によって、きちんと向き合っています。このためにはどうすべきかを常に真剣に考えている企業こそが、本当の意味で「社会の公器」であり、真に社会価値のある企業ということになります。

企業は持続してこそ意味がある

私の昔からの友人であり、一緒につくった「一般社団法人　公益資本主義推進協議会（PICC）」の最高顧問である原丈人《じょうじ》氏は、「一番大切なのは社中分配、つまり公平性、そして持続性、改良改善性です。商売で儲けた利益を、自分良し、相手良し、地域良し、と公平に分配することで、持続可能な社会づくりに貢献することです。持続性とは、中期投資、企業は長期的なビジョンや目的を明確にして活動を継続していく。短期の利益よりも中長期的な利益を目指す。改善性とは、未来永劫《えいごう》成長し続ける企業はない、常に環境に合わせた変化が必要である」と言っています。

『日本でいちばん大切にしたい会社』という著書を出版された元法政大学教授の坂本光司先生は公平性について、長寿企業は「三方良し」ではなく「五方良し」だとおっしゃっています。

五方とは、①社員とその家族、②社外社員とその家族、③現在顧客と未来顧客、④地域社会と地域住民、⑤株主・出資者・銀行や官公庁のことです。それらすべてのステークホルダーに対して公平に、真摯に向き合うことが「五方良し」になります。

そして長寿企業の条件である「持続性」については、経営者は中継ぎであることを自覚すべきだとおっしゃっています。業績は低成長であろうとも、事業を持続するために未来への投資を行い、後継者をしっかり育てることが経営者の仕事として大切だということです。

「改善性」については、企業は不易流行《ふえきりゅうこう》の精神を持ち、残すべきものはきちんと残し、変えるべきものは勇気を持って変えることが大切だとおっしゃっています。

企業は時代に合った戦略を取り入れていかなければ生き残っていけません。その一方、変えてはいけないものとして、理念や企業文化を挙げていらっしゃいます。

坂本先生の50年間の研究から得た結論として、「企業の目的はそこに関わる人々を幸せにすることであり、人々が幸せを実感できる経営をしていくべきだが、赤字を垂れ流し続けると企業は倒産してしまう。そうならないようにするために利益を上げることは大事だが、大前提には人々を幸せにするという目的がある。利益のために、幸せにすべき人を不幸にしては駄目だ」とおっしゃっています。

また、半世紀にわたって増収増益を続けている伊那食品工業の塚越寛最高顧問は、持続性について、「利益は組織を永続させるための手段である。どれだけ良い会社だったとしても、永続しなければ何の意味もない。企業を永続させるためには経営学的なテクニック、すなわちHow to doだけを学んでも駄目であり、それとともにHow to be、すなわちどうあるべきかということも学び、How to doとHow to beが車の両輪のようにそろって初めて継続が実現するのだ」とおっしゃっています。

公平性については、「会社の目的は自分たちを含め社会を取りまくすべての人々を幸せにすることであり、その手段の一つとして会社を継続させることが必要だ。究極の目的は自分たちが幸せになり、周りの人々を幸せにすること。もちろん利益も売上もその目的を達するための手段でしかない」ということです。

「改善性」については、二宮尊徳の言葉である「遠きをはかる者は富み　近くをはかる者は貧す」のたとえとして、「業界の技術や生産性の変遷に沿うことも大事だが、本当に大事なことは世の中の変化、変化によって変わってくる人間の価値観まで追うことだ」とおっしゃっています。そして、それを読める経営者になるためには、How to doだけではなく、How to beを学ばなければならないと、塚越最高顧問は強調されています。お客様のニーズには対応しても、競争はしないことが必要なのです。

地球益を考える

このように日本の数々の有識者は、今の経営の在り方について、何かしらの違和感を覚えているからこそ、こうした考え方を提唱しているのです。

皆さんは、彼らの話を聞いてどのように考えるでしょうか。今の経営の在り方が本当に正しいのかどうかを、改めて問うてみたいと思います。

一方、金融資本主義の権化のようなアメリカにおいても、最近になってこれまでの方向を見直す必要があるという声が高まってきました。

世界最大の資産運用会社であるブラックロック社のラリー・フィンクCEOが世界の企業のトップに宛てた2018年の年次書簡があります。これにおいて、利益を追求するだけでなく、社会や政治が抱えている問題の解決に向けてより大きな役割を果たすように促しています。

彼は、「持続的に繁栄するためにすべての企業は財務的な業績を上げるだけでなく、どのように社会に貢献するかを示さなければならない」とおっしゃっています。業績向上と社会貢献は相反するものではなく、両立するものだという考え方です。

ちなみに彼は、日本のGDPを超える6兆ドルもの運用資産を持ち、世界中の株や債券などに投資しています。それでも、やはり今の企業の在り方について違和感を覚え、こうした提案をしているのです。

そして、2019年8月に開催されたアメリカの主要企業の経営者団体であるビジネスラウンドテーブルは、株主第一主義を見直し、従業員や地域社会などの利益を尊重した事業運営に取り組むことを宣言しました。すなわち、株価上昇や配当増加など投資家の利益最大化を推奨してきたアメリカ型の資本主義は、大きな転換点を迎えています。

このビジネスラウンドテーブルには、アマゾン・ドット・コムやゼネラルモーターズなどの経営トップ181人が参加しました。賛同企業はすべての利害関係者の利益に配慮し、長期的な企業価値向上に取り組むべきであるとしています。彼らは若いミレニアル世代（1981年以降に生まれ、2000年以降に成人を迎えた世代のこと）の約6割が企業の主な目的を利益追求よりも、社会貢献であると考えているのです。

このように世界規模で隆盛となった金融資本主義や、なりふり構わない成長路線を見直そうという動きが広がりつつあります。それは、一部の人だけが儲けを得て絶望的なまでに貧富の格差が広がっている状況や、「株主のために企業はある」と声高に主張し、商品やサービスの劣化や社員のリストラを行うような経営が、もはや限界にきていて、企業本来の在り方ではないという警鐘でもあるのです。

私は企業の在り方として、富の分配による公平性、企業の持続性、事業の改良・改善性の三つを重視すること、そして社会性、独自性、経済性の順番を間違えないことを大切にしなければならないと思っています。企業の目的は、関わるすべての人々を幸せにし、永続することなのです。

そしてもう一つ大事なこととして、小さな国益にとらわれず、地球益という考え方をしていかなければならないと思っています。環境問題や、特に最近の新型コロナウイルス（COVID-19）の問題などは、「自分の国さえ良ければいい」という国益しか見ようとしない自国ファーストの考え方では通用しません。もっと広い地球益の観点から情報を共有しあい、協力してワクチンや薬を開発していかなければなりません。

そういう意味では、この新型コロナウイルスによるパンデミックが大きな転換点となりうると感じています。これはもしかしたら天の配剤だったのかもしれません。

人の幸せ、社会の幸せを考える企業が繁栄する

では、企業とはどうあるべきなのでしょうか。もう少し述べてみたいと思います。

前述したように、企業の目的は持続することであり、利益はそのための手段であるというのが、私の基本的な認識です。なぜかと言えば、企業は国を支え、経済を支える唯一のエンジンであり、企業以外に多額の税金を払う源泉はないからです。

企業は法人税を納めるのと同時に、社員に給与を支払います。そして社員は受け取った給与から所得税を納めるわけで、元をたどれば企業が利益を上げ続けるからこそ、個人は

所得税を納めることができるのです。つまりすべての源泉は企業の利益にあるといっても過言ではありません。この税金が国を支えています。

さらにお金の流れを追っていくと、支払われた給与の中から社員は車を買い、家を買い、日々の生活が営まれ、旅行に行くなどの経済活動が行われます。

こうしたお金の流れがとどこおりなく進むのは、すべて企業という源泉があるからです。だから企業は、絶対につぶしてはいけない存在であり、社会の公器と言われるのです。企業が社会の公器である以上、その企業の経営者は公人ということになります。経営者はまずそのことを自覚すべきです。まず社会性と持続性を第一に考えていかなければなりません。

そして持続性を保ち続けるためには、幹部の登用がポイントになります。企業にとって明確な理念を身につけた人物でなければ、幹部ポストを与えてはいけません。

営業力が高いだけの人物には相応の報酬で応えれば十分ですし、本人もそれで納得するでしょう。

しかし、人の上に立つ幹部ともなると、異なります。部下や周りの人たちが、「あの人が言うなら信頼するしかないな」と思って、難局でもついてきてくれるだけの人徳を兼ね備えた人物でなければ、企業は維持できなくなるでしょう。ですから経営者には、企業理念を明確に理解し、徳を身につけた人物を重要ポストに据える不断の努力が求められます。そうしなければ、企業は必ず間違った方向へと進み、最悪の場合、倒産してしまうおそれがあるのです。

企業文化をつくりだす根源は企業理念です。企業理念を社員に理解させ、かつ浸透させるためには教育が不可欠です。塚越最高顧問がおっしゃっていたように、How to doではなく、How to be、すなわち我々の経営はどうあるべきか、我々の仕事はどうあるべきか、人間としてどうあるべきかという「べき論」は、思想教育や心の教育です。これを行うことこそが王道の経営を実現するために必要なことだと私は考えています。

経営者には、企業理念を維持し、それを全社員に理解・浸透させるための教育に力を注いでいただきたいと思います。

もう一つ大事なこととして、「人を幸せにした人が幸せになる」ことを理解してください。社員が一番うれしいのは、お客様から「ありがとう」、「助かったよ」という感謝の気持ちを伝えられた瞬間です。そのとき自分の仕事に対して誇りを持ち、価値を感じることができ、満足感が得られるのです。

給料がいかに高くても、仕事に対して誇りや価値を持てなければ、むなしさを感じるのではないでしょうか。企業にとってサービスや商品を提供する相手は誰なのか、その相手を幸せにするため何をすべきかを考え、全力で取り組むことによって、相手から感謝の気持ちをいただき、仕事に対して心からの充実感、自分自身の存在意義を実感できるのです。「人を幸せにした人が幸せになる」ことによって、企業は利益を生むことができるのです。

そういう意味で、企業の利益は社会に貢献した結果であることを理解していただきたいと思います。

私が考える企業の目的は、社会に対する貢献です。世のため人のための精神に基づく人々の幸せづくりであり、利益はそのための手段です。本業のビジネスを通して社会に貢献する、社中すべての人々を幸せにする、これこそが経営が求めることだと思います。

企業の競争にも変化が起こっています。ライバル会社との売上競争ではなく、お客様に幸せをもたらす競争に変わってきているのです。追求すべきは、お客様の喜ばせ方や貢献度であって、利益はその結果です。儲けるのではなく、儲かるようにすることが大事なのです。

人の幸せ、社会の幸せを考える企業が社会から愛され、尊敬される企業となり、永続的に繁栄するのです。

繰り返しになりますが、これは本当に大事なことなので、もう一度言わせてください。

国を支えているのは企業です。国にとって雇用と納税は必要不可欠であり、それは企業の役目であることから、企業は「社会の公器」と言われ、その企業の経営者は公人であるという自覚を持つことが大切です。経営者は、自分の事業に対して「なんのために」、「誰のために」、「なぜ」を常に問い直すことが必要です。その事業が国のため、社会のためになっているかどうかを常に確認すべきだと思います。

これからの時代は、企業の財務的価値よりも「あの会社には素晴らしい社員がいる」、「なかなかの人物が幹部にそろっている」という人間的側面で評価されるようになるのではないでしょうか。すべての事業は、お客様や社中すべての人々から「ありがとう」をいただくためにあります。どうしたら「ありがとう」の一言を得ることができるのか。そこに徹底した創意工夫が求められるのです。

リーダーは死生観を定める

経営者の心構えについても触れておきましょう。

先日、多摩大学大学院の名誉教授である田坂広志先生と対談した際に、先生がおっしゃっていたことを紹介したいと思います。

「経営者やリーダーは『死生観を定める』ことが大切である。リーダーは人々を導く立場の人間であり、部下や社員の人生や生き方を導く立場でもある。また、経営者の判断ミスで社員を路頭に迷わせたり、多くの人の命に関わる問題を起こすこともある。

しかし、いまの経営者で、それだけの覚悟を持っている人は少ない。そうした覚悟は、人間の命というものに対する深い思い、死生観があって、初めて身につくものだからである。

では、いかに死生観を定めるか。そのためには、人生における『三つの真実』を見つめなければならない。第一は『人は、必ず死ぬ』、第二は『人生は、一度しかない』、第三は

『人は、いつ死ぬかわからない』。この三つの真実を直視するならば、自然に、この人生を精一杯に生きよう、今日という1日を精一杯に生きようという思いが湧き上がってくる。

しかし、多くの人は、この『三つの真実』を直視せず、今日を、この一瞬を精一杯に生きようとはしない。そして、自分の人生や時間を大切にしない人間は、他人の人生や時間を大切にすることはできない。だからこそ、経営者やリーダーは、確固たる死生観を定め、覚悟を定めなければならない。それができて初めて、本当の意味で、『社員を大切にすることができる』

では、いかにすれば、覚悟を定められるのか。

「戦前は、『経営者として大成するためには、戦争、大病、投獄の、いずれかの体験を持たねばならぬ』と言われてきた（ここで語られる投獄とは、人道にもとる犯罪によるものではなく、戦時中、戦争に反対するなどの政治思想犯として投獄されることを指している）。戦後の優れた経営者は皆、こうした体験を通じて深い覚悟を定め、人生を歩んだ。

もとより、現代において、この三つの体験をすることはできない。戦争などするべきものではない。投獄もあってはならない。また、大病も、望んで病気になる人はいない。では、どうするか。人生における『逆境』を受け入れることである。人生において苦労や困難、失敗や敗北、挫折《ざせつ》や喪失、病気や事故といった逆境が与えられたとき、それを、『天が与えた有り難い成長の機会』と受け止めることである。

戦国武将の山中鹿之介は、『我に七難八苦を与えたまえ』と、月に祈ったと伝えられているが、日本には昔から、『逆境』を肯定する深い思想があった。

逆境に直面したとき、『どうしてこんなことになったのか……』と過去を悔むことや、『どうなってしまうのか……』と未来を憂うことに時間を使うのは、真のリーダーではない」

「また、昨今の経営者の中で、使命感が希薄になっているのは、『使命』という言葉を、『命を使う』という意味として深く受け止めていないからだ。

そもそも事業とは、その企業で働く社員が、かけがえのない人生の時間を捧げて取り組むものである。そうであるならば、経営者は社員に対して、思いを込め、『使命』を語らなければならない。自社の事業を通じて、商品やサービスを通じて、いかにして世の中に光を届けるか、いかに大切なことに命を使うかという、『使命』を語らなければならない」

田坂先生は、このように経営者にとって大切なことを話されました。

余命3カ月の発想

私が、田坂先生のおっしゃる死生観のような内容を話す際に用いるのは、「余命3カ月の発想」です。これが私の死生観であり価値観です。

人間はいつ死ぬかわかりません。それは私自身、命に関わる病気を経験したことによって、その思いをさらに強く持ったわけです。これは厳然たる事実です。今日、ピンピンして生命力に満ちあふれた人でも、道路を歩いているときにトラックにはねられて死んでしまうなどということは、普通に起こりえます。

ところが、なぜか人間は「まさか自分が突然、死ぬなんてことはないだろう」と思ってしまいがちです。それは単なる願望に過ぎないのです。少なくとも健康で、かつ兵隊のように死が日常にあるような仕事をしていない限りにおいて、多くの人間は自分の死に対してきわめて楽観的です。まるで、今が永遠に続くかのように思っている人さえいらっしゃいます。

もし、今が永遠に続いたとしたら、どうなるでしょうか。そう、いい加減な価値観で生きてしまうのです。その結果、1日1日を無駄に過ごしてしまいます。本当は今日中にやらなければならないことを翌日、翌々日に後回しにしてしまい、今日という日を安楽に過ごそうとします。本気で生きようとしなくなるのです。

ところが、「あなたは残り3カ月の命です」と医者から宣告されたら、どうなるでしょうか。

最初は悲嘆に暮れるでしょう。

それが徐々に落ち着いてきたら、おそらく多くの人は自分が生きてきた証、存在感をどこかに、ほんの少しでもよいから残したいと思うはずです。そのとき、初めて自分にとって何がもっとも大事なことだったのかということが見えてくるのです。

余命3カ月という宣告を受けているのに、新車が欲しい、家を建てたい、時計を買いたい、もっと出世したい、お金がたくさん欲しいなどという人は、一人もいないはずです。むしろ、そんなものはどうでもよいと思うようになるでしょう。そして何よりも必要なのが、心の安らぎです。そして心の安らぎは、自分がこれまで生きてきた証を残すことによって得られます。

しかし、多くの人は自分がまだまだ生きていけると思っているので、新しい車や家、時計、お金といった、余命3カ月になったときにはもうどうでもよいものばかりを追い求める一方、本当に大事なことを後回しにしてしまいます。だから、いざ自分が死ぬときになって、「俺の人生は一体なんだったのだろう」などということになるのです。

だから、常に「余命3カ月を宣告されたら」ということを念頭に置いて、1日1日を過ごしてください。そうすればきっと誰でも本気で生きるようになります。「こんなことを言ったら嫌われるんじゃないか」などと、他人の目を気にして自分が言いたいことも言わずにやり過ごすこともなくなります。

「1日くらいサボっても大丈夫だろう」という人がいます。とんでもない。1日の重要性に気づけない人は、絶対に成長できません。1日どころかたった2時間でも、これが1週間、1カ月というように積み重なっていくと、ものすごい時間になります。

たとえば私は毎日2時間を勉強に充てています。さまざまな本を読むのです。土日は休みますので、月曜日から金曜日まで毎日2時間を勉強に充てたら、合計で10時間になります。1カ月はおおよそ4週間として、合計40時間です。1年だと480時間。もし1日8時間を仕事に充てるとしたら、480時間÷8時間で、なんと60日分の働く日数を捻出《ねんしゅつ》できることになります。

「なんか気がついたら50歳、60歳になっちゃったよ」と言う人がいます。ただ漠然と、1日を無為に過ごしてきた人と、1日を真剣に本気で生きてきた人との差は、とてつもなく大きなものになります。

「余命3カ月の発想」は、経営者はもちろんですが、経営者以外の人たちにとっても有効です。漫然と1日、1日を過ごすのではなく、常にこの発想を胸に抱いて日々を過ごせば、必ず素晴らしい人生を送れるはずです。

また会社経営をされている方たちには、もう一つ付け加えさせてもらいたいことがあります。

経営者の決断には「心の決断」と「魂の決断」があるということです。

経営者が常に正しい判断を下せるとは限りません。自分の経験値の範囲内なら何も問題なく決断できます。ところが、まったく経験したことがない初めてのことや、守備範囲外のことに関して決断を下そうとした場合、多くの経営者はある種の恐怖心に駆られて決断力が鈍るでしょう。その結果、目の前にぶら下がっているチャンスや可能性をつかみ切れなくなるというケースが、往々にしてあります。

これが「心の決断」です。心の決断は、損得勘定や利害関係によって揺らぎがちです。そこに判断ミスが入り込む隙《すき》を生んでしまいます。

そこで「魂の決断」をするのです。魂の決断は心の決断のもう一つ内側にある決断といってもよいでしょう。非常に単純で、シンプルな決断ではありますが、それゆえになかなかこの決断を下すのは難しいと言えます。

魂の決断は善か悪か、正か邪かというところで下される決断です。つまり損得勘定や利害関係などを抜きにして、善なるもの、正なるものの声に従って決断を下すということです。「決意」、「覚悟」という言葉に置き換えてもよいかもしれません。

「これをやることが絶対、世の中にとって良いことなんだ」と思ったら、「失敗するかもしれない」、「もし失敗したら他の人に迷惑をかけるかもしれない」、「自分には経験がないからできないかもしれない」という心の迷いを断ち切り、魂の決断を下すのです。

京セラの創業者で世界的な経営者である稲盛和夫氏は通信事業の自由化に向け、1984年に第二電電（現在のKDDI）を設立したとき、周りの人は皆、反対しました。そもそも京セラはセラミックのメーカーであり、稲盛氏は通信事業についてまったくの素人です。そのため稲盛氏は「発想はどうなのか」、「動機はどうなのか」、「単なる売名行為ではないのか」、「金儲けがしたいだけなのか」、「やるべきかやらないべきか」など、いろいろ自問されたそうです。

通信事業が自由化されたのに、なかなか新規参入に手を挙げる人がいない。でも、これをやらなければ日本の国民が皆、不幸になる。だから、誰かがやらなければならない。それなら俺がやろう。こうして稲盛氏は京セラの資金を投入して第二電電を設立し、通信事業に参入しました。まさに魂の決断であり、その決断を下すにあたっては、相当の覚悟があったはずです。

私が「ああ、これは魂の決断だったな」ということで印象に残っているのは、ソフトバンクの孫正義会長とともに、NCC・BOXを商品化しようと決断したときです。

前述したように、NCC・BOXとは稲盛氏の第二電電、日本テレコム、日本高速通信という、通信事業の自由化を受けて登場した新電電3社のうち、もっとも通話料金の安い通信事業者を自動的に選択するアダプターのことです。通話料を安くする新電電のビジネスを軌道に乗せるためには必要だと、そのとき、思いました。

でも、孫氏も私も技術者ではないので、本当にできるかどうかはわかりません。まさに未知への挑戦でした。失敗したら会社自体が吹き飛んでしまう可能性も大いにありました。それでも技術者を集め、いろいろ研究をして特許を取得し、1年という時間をかけてNCC・BOXを完成させました。当時の私にとっては、まさに魂の決断だったわけです。

とはいえ、魂の決断を下すのは大変なことです。私自身、すべてにおいて魂の決断を下しているのかと言われれば、そうではないことも多々あります。ただ、本当に重要な判断をする際には、できるだけ魂の決断をしようと思っています。

そのような状況で魂の決断を下す際にも、先ほど紹介した「余命3カ月の発想」が有効です。死を目前にして、「本当はあれをやっておきたかった」、「こうすればよかった」などと後悔するのは、あまりにもむなしすぎます。

会社にとって大事な決断を下すときは、「まず動け、そこから道が拓《ひら》けていく」という言葉とともに、余命3カ月の発想を心に強く思い描いてください。そうすれば、チャンスは必ず訪れます。

強い組織をつくるためには

「存在感」について考えてみます。自分がどう存在しているのかを認識するためには、「自己肯定感」が非常に重要になってきます。自己肯定感を持てない人は、なかなか自分の存在感を認識できません。

日本人、とりわけ最近の若者は自己肯定感が低いと言われています。この本を読んでくださっている方が経営者だとしたら、自分自身の自己肯定感を高めるだけでなく、自分の会社の社員が高い自己肯定感を持っているかどうかを、機会を見つけて確認していただきたいと思います。

これからの時代は、ライバル社と競争する時代ではなく、お客様と勝負する時代です。お客様と勝負をするのは社員であり、その社員を大切にしなければいけない時代がきています。社員が気持ちよく働けるように社員一人ひとりの自己肯定感を高め、社員同士が相互承認できる会社にしていくことが、最終的に会社の業績を上げるためには必要です。

では、どうすれば社員の自己肯定感を高められるのでしょうか。会社にはいろいろな人が働いていますから、その全員が高い自己肯定感を持っているとは限りません。

自己肯定感を高めるうえで一番の近道は、社員一人ひとりにプロ意識を持たせることです。野球選手やサッカー選手は皆、高い自己肯定感を持っています。だからこそ、各ポジションを守っているチームメイトをお互いに信頼し合う相互承認が実現されます。

しかし会社員の中には、なかなかそこまで強いプロ意識を持っている人はいません。ですから、なんらかの形で自己肯定感を高める仕組みを導入する必要があります。

私は、自己紹介こそが自己肯定感を高めるうえで有効だと考えています。部署単位、支店単位で結構なので、そこに所属している社員全員で自己紹介をしましょう。何も特別なことを言う必要はありません。どこで生まれて、どんな趣味を持っていて、幼い頃はどういう子どもだったのかといったことを皆の前で話すのです。それもできるだけ自分をさらけ出したほうがよいでしょう。

そんなことを話しているうちに、「Aさんは僕と趣味が一緒なんだ」とか、「B君とは学校が同じだったんだ」といった共通点が徐々に見えてきます。人間は何か共通点を見いだせると、親しみが湧いてくるものです。このように自己紹介を通じて相互承認をしていきます。

その営業所には5人が働いているとしたら、Aさんの良いところを一つ、他の4人がそれぞれメモに書き出していきます。B君の場合も同じです。こうすることによって、他の社員が自分のどこを良いと思っているのかがわかります。そうすると、「あの人、ちょっと苦手だったのだけれども、私のことをこんなふうに見ていたんだ」ということになります。すると今まで以上に自分の良いところを伸ばして、皆の期待に応えようとするはずです。これが自己肯定感につながっていくのです。

社員全員が高い自己肯定感を持ち、かつ相互承認できる組織は非常に強くなります。そして社員に自分の会社であるという意識を強く持たせるために、できることなら自社株の保有を考えるべきです。公開企業はもちろんですが、非公開企業であっても自社株を保有することは、社員にとって働くモチベーションを高めるための手段です。同時に、経営側と社員が運命共同体として一心同体になれます。

たとえばフォーバルでは、利益の3分の1は社員で分けるということになっています。すると、利益が上がれば上がるほど社員に対する利益配分も青天井になりますから、もっと頑張ろうという気持ちになります。業績が悪化したときは全員の利益配分が減りますから、やはり次の決算に向けて頑張ろうという気持ちになります。春闘でいくらベースアップを確保しようという発想ではなく、経営陣も社員も同じ船に乗って、同じ目標に向かって頑張れる仕組みをつくってしまうのです。その仕組みとして、社員の自社株保有をお勧めします。

そして何よりも大切なのは理念共有です。どの方向に会社が進んでいくのかを社員全員で共有することが、一つの羅針盤になります。自己肯定感、相互承認、そして理念共有を社員教育の基本としていただきたいと思います。以上が、私が考える企業、経営、仕事の本質です。

リモートワーク時代の社員の評価基準

2020年に入り、新型コロナウイルス感染症の世界的流行が生じたことによって、多くの企業がリモートワークを導入しました。富士通はオフィスを50%削減して積極的にリモートワークを導入する方針を打ち出しました。また資生堂や日立なども同じようにリモートワークを活用することによって、多様な働き方の実現に向けて動いています。

フォーバルは新型コロナウイルスが問題化する以前より、多様な働き方をするにはどうすればよいのかを考えていました。今では本社スタッフの大半がオフィスに出社することなく、リモートワークで働いています。

リモートワークに切り替えたことにより、経営者としては二つのことに留意する必要があると考えています。

一つは人事評価基準をどうするか、です。もはやリモートワークの時代においては、「残業代」などという概念は完全になくなります。評価基準が働いた時間ではなく、きちっとアウトプットを出しているかどうかになります。つまり完全な成果主義に移行するということです。

ただし、きちんと成果を出せるようになるためには、しっかり自分をマネジメントできることが前提になります。

実は米国のＩＴ業界で最先端を行く企業では、日本よりもだいぶ早い時期、新型コロナウイルスの感染拡大が問題になる以前からリモートワークにチャレンジしていました。しかし、こうした企業の半分以上が、結果的にリモートワークをやめて、通常の出社と併用するかたちに戻しました。中には、以前のように全社員が毎日出社するよう戻した会社もあると聞いています（もちろん、新型コロナウイルスの影響で対応は変わっていると思います）。

そもそもリモートワークは、生産性向上が目的の一つと言われています。ところが、2年目になると生産性が大きく落ちるのだそうです。1年間はなんとか緊張感を持って働き続けることができますが、一人で働いていると徐々にだらけてきます。しかも生活する場と働く場が一緒くたになっていますから、よほど強い意志がないと、仕事の場よりも生活の場がメインになり、仕事がおろそかになっていくケースが多いのです。

したがって、リモートワーク中心の働き方に切り替える場合、他の会社が導入しているからといったムードに流されて導入すると失敗します。大事なことは、生産性を下げないようにするための仕掛けをいかにしてつくるかでしょう。

もう一つの留意点は、働く人たちの心の問題をしっかりケアすることです。特に単身者の場合、毎日のようにアパートやマンションの一室にこもって仕事をし続けるわけです。確かに出社すると行き帰りの時間、満員電車に揺られ続けなければならないという点でストレスがたまり、体の負担も大きくなります。でもずっと部屋に一人でこもりっきりになるのも、またストレスにつながります。

人は適度に外出し、そこで他の人たちとコミュニケーションをとることで、精神的な安定を得る生き物でもあります。リモートワークによって孤独感に苛《さいな》まれ、メンタル面が病んでしまっては、さらに生産性は低下してしまいます。

したがって、リモートワークを導入するのであれば、特に単身者を中心にして、いかにすればメンタル面をケアできるかという点に配慮する必要があります。

これらの点については弊社も、まだ試行錯誤の段階です。でも、いくつか試みてみようと考えていることはあります。

その一つがクラブ活動です。釣り、ゴルフ、手芸、英会話、テニスなどなんでもよいのです。社員は全員、いずれかのクラブに所属するようにして、週に1回は活動するようにします。そうすることで社員がお互いにコミュニケーションを取り、仲間意識を持つのと同時にストレスの発散につながるような場所をつくろうと考えています。

会社としては、リモートワークの導入によって社員の交通費やオフィスビルの家賃が大幅に減りますから、その分のお金をクラブ活動の支援に回してもよいと思うのです。

もちろん、従業員数が何万人もいるような大企業だと難しいのでしょう。それでも弊社くらいの規模の会社であれば、クラブ活動も可能です。いずれにしても、リモートワークによって生産性の向上を目指すのであれば、社員のモチベーションを上げ、かつメンタル面のケアをしっかり行うことが大事になってきます。

経営者が備えておくべき10のポイント

本章を通じてお伝えしたかったのは、経営に関してポリシー・哲学をきちんと持つこと。何のために自分の会社が存在しているのか、何が目的なのかを考えること。そして企業の在り方として一番大切なのは、社会性、独自性、経済性の順番を間違えないことです。

そして困難を乗り越えるためには、事業を始めるときの発想と動機つまり創業理念が何であったかが、非常に重要です。ここがしっかりしていないと、ちょっとした困難に直面しただけで心が折れてしまい、そこから逃げようとしてしまいます。でも、事業の発想や動機がしっかりしていれば、多少の困難には負けません。脳みそが汗をかくくらい考えて、考えて、考え抜いた末に、必ず困難を乗り越えるための発想が浮かんでくるはずです。何よりも、事業を成功させるためには、「あきらめない」気持ちが大切です。

京セラの稲盛和夫氏は、「人生における成功と失敗は、あきらめるかあきらめないかの差だ」とおっしゃっています。動機が不純であればすぐあきらめてしまうだろうし、動機が志に基づくものであるならば、決してあきらめることはないでしょう。

ぜひ事業の動機と志を見直し、会社の経営が、社会性、独自性、経済性の順に重んじていくものになっているかどうか。そのポリシー・哲学がきちんと社員に浸透しているかどうか。会社を持続させていかなければならない根拠を理解できているかどうかについて、今一度見直していただきたいと思います。

では、本章の最後に、経営者が備えておくべき大事な10のポイントについて触れておきたいと思います。

ただし、「経営者に必要な」ということになっていますが、これは経営者ではない一社員でも、この10のポイントを理解して仕事に臨むのと、まったく知らずに仕事をするのとでは、おそらく5年後、10年後に大きな差がついてくるはずです。

したがって、この10のポイントは経営者だけでなく、一般社員も含めて皆の大事な共通認識にしておくべきでしょう。

（1）志

これは世のため人のためという志であり、誰のために何をしたいのかという志です。志は「動機」と言い換えてもよいかもしれません。京セラの稲盛和夫氏も、発想・動機が大切だとおっしゃっています。

志がいい加減なものであったり、安易なものであったりすれば、困難に直面したとき、すぐに無理だとあきらめてしまいます。しかし志さえしっかりしていれば、困難を乗り越えようという強い意志が生まれます。

たとえば、1メートルの壁は全員が越えられたとしても、1・5メートルになった時点であきらめる人が出てくるかもしれません。

ところが志のある人ならば、跳び箱のジャンプ台を使って飛び越えようとするなど、課題を乗り越えるための工夫を一生懸命に考えるでしょう。

また、それよりもはるかに高い10メートルの壁がそびえ立ったら、ジャンプ台も使えないので、多くの人があきらめるでしょう。けれども強い志があれば、はしごなどを使って乗り越えようとするはずです。

でも20メートルになったら、はしごも厳しくなります。おそらく大半の人があきらめてしまうでしょう。しかし、やはり強烈な志を持っていたならば、エレベーターを設置するという解決策を見つけ出すでしょう。

このように、何かを達成するためには、数々の困難や障害があるのはあたりまえです。これらを乗り越えるためには強い志、すなわち「誰のために、なんのために」という発想と動機、志が、非常に重要になってくるのです。

稲盛氏がおっしゃるように、成功者と失敗した人の違いは、たった一つ、あきらめるかあきらめないかの違いです。私の会社のある役員は以前、外資系保険会社の社長をしていました。その彼は「自分のポリシーはあきらめない、ごまかさない、逃げない」ことだと言っています。そして、私の会社の社長もこの「あきらめない、ごまかさない、逃げない」を実践しているという共通点を持っています。

人生の成功者は「あきらめない、ごまかさない、逃げない」と強い志を持って事に対処しているのです。

(2) ビジョン

ビジョンがいかに大切なものであるかについては、レンガ職人の話があります。

ある街に3人のレンガ職人がいました。

1人目の職人は、「レンガを毎日毎日積んでいるけど、暑い日も寒い日も外で作業するのは大変だ。同じことの繰り返しでつまらないし、きつい仕事だ」と愚痴《ぐち》を言いました。

2人目の職人は、「大変な仕事だし単調でつまらないよ。でもこの不景気のときに、職があるだけましだよ。僕はこの仕事で家族を養えているから満足しているよ」と言いました。

3人目の職人は、「この街には教会がないんだ。このレンガは、街に教会をつくるために積んでいるんだよ。きっと立派な教会になると思う。教会ができればみんなの心のよりどころになって、心の平安も訪れると思う。僕は街の皆のために1日も早くこの教会を建てたいと思っている。大変なことも多いけど、素晴らしい仕事なんだ」と言いました。

同じレンガを積む仕事であっても、ビジョンが明確であれば、その仕事に誇りを持って臨むことができるというたとえ話です。この3人の中で、もっとも一生懸命働くのが誰かは言うまでもありません。

ビジョンを社員に伝えるとき、一番大切なことは、何度も繰り返して壁を塗り固めるように、時間と忍耐が必要だということです。一度言ったくらいでは、ビジョンが浸透するはずはありません。何度も何度も、繰り返して伝え続けることが必要なのです。

世界的なホテルのリッツ・カールトンの例をご紹介しましょう。リッツ・カールトンは理念、ビジョンを徹底するために、どのようなホテルをつくるかを考え、その結果「世界最高のホテル」をつくることを決めました。

何をもって「世界最高のホテル」なのかを考えたとき、客数や売り上げなどは世界的ホテルチェーンのヒルトン・ホテルには到底かないません。

そこで客数や売り上げではなく、世界最高のサービスを提供するホテルを目指したのです。

そして世界最高のサービスとは何かを考えたとき、彼らが導き出したのは、「お客様が気づいていないサービスを提供する」ことでした。

お客様から言われたことを行うのはサービスではない、お客様が言われる前に気づき、行うのが本当のサービスだということを世界中のスタッフに徹底するため、日夜努力をしています。クレド（企業における行動規範）というカードをつくり、世界中の全スタッフに持たせています。毎朝、全セクションで、「今日はこの部分、明日はその次の部分」というように、クレドに書かれている内容を全員で具体的に、どう日常の仕事に生かしていくのかを考えるという地道な取り組みを何年もずっと行っているそうです。

日本でも、大阪にあるザ・リッツ・カールトン大阪が常にサービスで第1位を誇っているように、世界最高のホテルであり続けるための取り組みが生きているのです。

これはリッツ・カールトンの社長に昔聞いた話です。ホテルのスタッフが辞めるとき、たとえそれがライバルホテルからの引き抜きであった場合でも、「このスタッフは、引き抜くに値する素晴らしい人材です」と書かれた推薦状を持たせるのだそうです。

ところが、リッツ・カールトンから一般的なホテルに移籍したスタッフが、リッツ・カールトンで仕込まれた「お客様が言われる前に気づき、行うサービス」を実行しようとすると、それは余計なことだとされ、言われたことだけをやるようにと指示されてしまうのだそうです。

リッツ・カールトンで働いていたスタッフたちは、そのホテルに失望します。かえってリッツ・カールトンの素晴らしさを再認識して、またリッツ・カールトンに戻ってくるそうです。その結果、他のホテルが提供しているサービスに比べたときのレベルの違いや、いかにリッツ・カールトンの理念やビジョンが素晴らしいかを、戻ってきたスタッフを介して、社内の末端まで浸透させることに成功しているのです。

ビジョンはつくるだけではなく、浸透させることが大切です。よく私が言うのは、「耳にタコができました」ではまだまだ足りない。耳のタコがつぶれるまで徹底する必要があるのです。それくらいしなければビジョンは浸透できません。皆さんにはしっかりとしたビジョンを持ったうえで、徹底して浸透をさせていただきたいと思います。

(3) 強い信念

10年後、30年後、100年後にどういう会社でありたいかという姿を描き、それに向かってブレることなく着実に一歩、一歩、歩んでいくための強い信念を持ってください。

確かに100年後では自分も含めて、今いる社員も誰も生きていません。それでも

「100年後、自分の会社にはこうなっていてほしい」ということを明確にイメージすることが大切なのです。

たとえば私の会社では、10年後には「日本の中小企業にとって、なくてはならない存在になっていること」。

30年後は「アジア各国の中小企業にとって、なくてはならない存在になっていること」。

そして100年後には「世界中の中小企業にとって、なくてはならない存在になっていること」と定めています。

またグループ会社も、それぞれ提供する事業分野において同じように10年後、30年後、100年後に、なくてはならない存在になっていることを定めています。そのために「どうすれば、どうすれば」「何をしたら、何をしたら」「これでもか、これでもか」と考え、話し合い、実行することを課しています。そこで大切なのは10年後、30年後、100年後について具体的な内容を掲げるのではなく、多少漠然としたものでもよいので、いつまでも努力して伸びていけるような内容にすることです。

たとえば、30年後に「がんを撲滅する」というビジョンを設定したとしましょう。がんを撲滅するというのは、非常に具体的な内容です。

でも、本当にがんが撲滅できてしまったら、そこで会社の存在意義がなくなってしまうことになりかねません。「がんを撲滅する」ではなく、「30年後に人の命に関わるような病気をなくす」という内容であれば、存在意義はずっと続いていくでしょう。

すなわちビジョンとは、10年後、30年後、１００年後も努力を続けていくことで進化をしていくものなのです。そして１００年後には、その先の１００年後のビジョンをつくり、経営者はリレーのバトンを受け継いでいく走者のようにビジョンを進化させながら、永遠に経営を続けていくべきものなのです。

経営者は、前任者から渡されたバトンを次の経営者につなげていく中継ぎ走者であり、この中継ぎをきちんとしていく。このことで、ビジョンが10年後、30年後、１００年後に達成できるのです。

（4）本気度

昨今の経営者を見ていると、社員に対して、叱りもしないし、褒《ほ》めもしないという人が結構いらっしゃいます。これでは社員を指導するリーダーとして、あまりにも中途半端というものです。叱るときは思い切り叱り、褒めるときも思い切り褒めなければなりません。

ただし、今の世の中には「パワハラ」の問題があるので叱り方が難しいのでしょうが、「思い切り」とは「真剣に」ということなので、相手に対して感情をぶつけるのではなく、相手が成長するため、「何がいけなかったのか」、「何が問題だったのか」を真剣に向き合い伝えるということなのです。

よく「怒る」と「叱る」の違いだと言われます。感情的に怒るのではなく冷静に、ただし本気で叱るということが大切です。また同様に、褒めることも大切です。

日本の子どもは自己肯定感が低いと言われます。これは親の叱り方や褒め方が間違っているからです。その場の感情で子どもに怒りをぶつけ、子どもの存在を否定するような怒り方をしてはいけません。また褒め方にしても、ただ単に「すごいね」というような表面的な褒め方をするのではなく、その子に努力やそのプロセス、チャレンジ精神を具体的に伝えながら褒めるべきだと思います。

アメリカの親は、子どもに対して言葉やスキンシップを用いながら、「愛している」という無条件の愛情を注ぎます。褒め方が上手なため、子どもたちは概して自己肯定感が高い傾向があります。

そして不得意なことを努力させるよりも、得意なことを伸ばすような教育が主流です。「褒めて伸ばす」ことを美点凝視と言います。得意なことを伸ばすことで、音楽やバスケットボールの天才など、後々、それぞれの道において天才と言われるような人間を輩出するような土壌があるのです。

これに対して日本の教育現場では、不得意なことを頑張らせようとするため、すべてをそつなくこなせるようになります。ところが得意なことを伸ばさせようとしないため、特定の分野で突出した才能を発揮する人間が育ちにくい環境にあります。子どもたちの得意なことを褒めて伸ばすことをせず、不得意なことやできないことを責めたり怒ったりするため、結果的に自己肯定感が損なわれてしまうのだと思います。

褒めることは大切です。経営者は褒めることを通じて社員の能力を伸ばし、自己肯定感を高めさせる必要があります。

私は昔、以下のような松下幸之助氏のエピソードを聞いたことがあります。

ある日、松下氏は部下の役員を烈火のごとく叱ったそうです。ところが、あまりにもすごい勢いで叱ってしまったので、松下氏はその役員が自殺をしてしまわないか心配になり、この役員の自宅に電話をし、奥様に家中の刃物を隠すようにお願いしたそうです。

奥様は、松下氏から叱られたご主人に、「先ほど幸之助さんからお電話をいただいて、家中の刃物を隠すように言われたの」と伝えました。それを聞いた役員は、自分のことを本気で心配してくれていることを理解し、松下氏の思いや優しさを我が身で感じ、より一層、松下幸之助という人間の信奉者になったそうです。

このように経営者は、社員を育てるために、悪いことに対しては、自分の思いや考えを理解させるために烈火のごとく叱ること、また、褒めるときには心から思い切り褒めることが、大切であると私は考えています。

それは、何事に対しても本気で対応する「本気度」の表れなのです。

(5) 決断力

経営者の仕事は、決断をして責任を取ることです。

経営においては、絶対に正しいという道はありません。そのため、経営者は現状を把握し、将来への影響を考えたうえで決断を下します。しかし、その決断が間違っていたら、会社は危機に直面し、正しければ大きく伸びます。

皆さんは日々、朝起きてから寝るまでの間に何を着るか、何を食べるか、誰と会うかなど数々の決断を下しています。その決断の積み重ねで良い1日だったのか、それとも悪い1日だったのかが決まります。

経営においても小さな決断、会社の将来を左右するような大きな決断など、いろいろあります。その瞬間は「心の決断」ではなく、「魂の決断」をしていただきたいと思います。先にも触れましたが、これはとても大事なことなので、ここでもう一度繰り返させてもらいます。

「心の決断」とは好きか嫌いか、損か得かという感情や利害関係に左右された決断です。「魂の決断」は善いか悪いか、正しいか邪かという魂の声に耳を傾けて行う決断のことです。一時の感情に流されて心の決断をしてしまうと、間違った結果を導いてしまうことが多々あります。

コンプライアンスという言葉は定着しました。それなのに、いまだに損か得かという判断で会社の損になるような情報を隠した挙句、隠したこと自体が大きな問題に発展するようなケースもあります。

大きな決断をするときは自らの責任で判断し、決めることが求められるので、経営者はしばしば孤独だと言われます。その場から逃げないで決断するという強い意志を持っていただきたいと思います。

(6) 正当な評価

人間は、正当な評価を受けるかどうかによって、モチベーションが変化します。自分の給料の額しか知らなければ、そう大きな不満を抱くことはないでしょう。でも他の同僚が得ている給料の額を知り、しかもその額が自分の得ている給料よりも高額だと、「なぜ自分はあいつより給料が少ないのだ?」というように、給料の額で自分に対する評価が低いと考え、それが大きな不満につながることがあります。

そのうえ、こうした不満が大きなストレスになり、退職を招く事態に発展してしまうおそれもあります。

そのため給料の額を決めるに際して、経営者は社員が自分の給料の額だけでなく、他の人の額がわかったときにも本人たちがお互いに納得できるよう、正しく評価をしなければなりません。

ただ、言葉で言うことは簡単ですが、実際に評価はとても難しいものです。多くのビジネスパーソンが自分に対する評価で悩み、不満を持ち、そして退職する理由になっていることを、経営者は忘れてはいけません。

評価する場合、評価者は決して主観を入れてはいけません。主観を入れてしまうと、部下は上司に気に入られようとして、俗にいう「ごますり社員」になってしまうおそれがあります。あくまでも社員の成果について評価することを心がけてください。それと同時に、自分の私的な感情を入れないよう努力する必要があります。

人との関係において、私的な感情を入れないのはかなり難しいことです。しかし、社員の評価を正しくできなければ、社員はついてきません。

成果に対する正当な評価を行えば、社員は上司にごますりをするのではなく、自分の成果を出すことに集中し、会社が望む結果が生まれるはずです。特にウィズコロナ、アフターコロナの時代は働き方が大きく変わります。労働時間の長さではなく、成果による評価が主流になってきます。それだけに、社員一人ひとりを正当に評価することは、経営者としてとても大切な要素になってきます。

(7) 3カ年ごとの戦略

3カ年ごとの戦略を描きましょう。前述した10年後、30年後、そして100年後のビジョンを達成するためには、3カ年ごとにより具体的な戦略を練る必要があります。企業でいえば「中期経営計画」がこれに該当します。

戦略とは、言い換えれば無駄を排除することです。なんの戦略も練らなければ、いくら素晴らしいビジョンを描いていたとしても、達成することはできません。なぜなら、社員全員がバラバラに、自分が考えるやり方で走ってしまうからです。

この状況を放置しておけば、どこかの段階で非常に大きな無駄が生じてしまいます。皆さんが描いている壮大なビジョンを達成するためには、無駄な寄り道をしている時間など、どこにもないはずです。

そして戦略とともに戦術、つまり、いつどこで誰が何をするかというPDCAを明確に表現できるようにすることも必要になります。

具体的に申し上げると、必ず仮説を立てて実行し、その結果がどうなったかを振り返り、反省し、再び仮説を立てて実行するというサイクルが必要だということです。ちなみに、ＰＤＣＡの最後にもう一ついているＡは、Achievement、つまり「学習成績、達成」の意味です。ＰＤＣＡを最後までやりきるだけでは不十分であり、やった成果を評価すること、そのうえで課題が見つかれば達成できるまでＰＤＣＡを回していくこと。このしつこさが成功の鍵となるということです。そこを忘れずに徹底できるよう、私はいつも最後にＡをもう一つ追加しているのです。

そのために必要なのがＫＰＩ（Key Performance Indicators）やＫＧＩです。特にＫＰＩ、つまり「重要業績評価指標」を明確に定める必要があります。ＫＰＩを明確に定めるためには、ＫＧＩ（Key Goal Indicator）「重要目標達成指標」というゴールを決定しておくことも必要です。ただし結果よりも、その過程がより重要です。そのため、ＫＰＩを皆できちんとチェックすることを日々行うようにします。ＫＰＩの設定と日々の努力にいい加減なところがあったら、３年ごとの戦略もいい加減なものになってしまいます。

たとえば、結果だけを見て喜んだり、悲しんだりするのではなく、自分たちの立てた戦略、戦術がどのように機能したのか、その数字は戦略通りにいったのかどうか、という中身をきちんと精査する必要があります。偶然うまくいって数字が伸びたことを喜ぶべきではありませんし、突発的な問題が起こって失敗したことを悲しむ必要もありません。

このように緻密《ちみつ》なＫＰＩの設定とチェックが、ＰＤＣＡを効率的に回すためには必要なのです。

（8）伝える力（プレゼンテーション力）

経営者は5分間で自分の言いたいことをすべて伝える力をつけなければ、商談は成功しません。

商談の場で、だらだらと話を続ける人がいます。いったいこの人は何が言いたいのだろう、何をしに来たのだろうと思いながら、ずっと話を聞いていると、最後にようやく自分の言いたいことを話し始める人がいます。

人の話を聞くとき、興味を持って聞き続けられる人間の集中力は最初の3分、長くて5分です。そのため、最初に自分が相手に伝えたい結論を言い、その結論に対して先方から質問してもらい、その質問に一つずつ丁寧に答えていくことが必要なのです。長々と話をすることで相手の集中力や興味が薄れてしまい、いざ大切な部分を話すときには相手が上の空というのでは、成功する商談も失敗してしまいます。

社員に話すときも同じです。あまりにも話が長くて、聞いている社員に嫌気がさしてしまうのでは、リーダー失格です。リーダーは一言で、全員に自分の伝えたいことをわからせる努力をしなくてはなりません。ぜひ時計を見ながら、自分が本当に言いたいことを3分間、できれば1分間で言えるような訓練をしてみてください。

そのような訓練を続けると、5分間がとても長く、どれほどたくさん自分が伝えたいことを言えるか理解できると思います。時間の使い方がコントロールできるようになれば、自分の時間も相手の時間も無駄にしなくなるというメリットも生まれます。

(9) 第一印象(見た目)

人は会った瞬間にその人を判断すると言われています。したがって表情や目力、姿勢、服装、髪型などの第一印象が大切です。

日本の経営者は欧米の経営者に比べて、そのようなことに対する意識が弱いと思います。

1970年代初めに、アメリカの心理学者アルバート・メラビアンが、「話し手」が「聞き手」に与える影響がどのような要素で形成されているのかという実験を行いました。

視覚情報…見た目、身だしなみ、表情（視線）など…55％

聴覚情報…声の質・大きさ・速さ（テンポ）…38％

言語情報…話す言葉そのものの意味…7％

この結果を見てわかるように、相手に与える影響の中で「言語情報」は1割弱でしかありません。つまり相手に与える印象は「非言語」の部分が9割以上も占めているのです。

見た目、身だしなみ、表情などの重要性はご理解いただけると思います。

先ほど、5分間で自分の言いたいことをすべて伝える力が必要だと言いました。実際には話の内容以外で判断されてしまう部分があるという事実を認識しなければなりません。

普段はあまり意識しない見た目、身だしなみ、声の大きさ、話し方についても、リーダーたるものは常に意識していることが大切です。

(10) 人間性（徳）

よく何を言われたかよりも、誰に言われたかが大事だと言われます。リーダーと呼ばれている人は、周りの人たちから「あの人に言われるならしょうがない」と思ってもらえる信頼感を勝ち得る必要があります。そして、その信頼感を得られるかどうかは、ひとえにリーダーの人間性にかかっています。

どれだけ営業成績が良く、売り上げを上げている人でも、「あの人の言うことはあてにならない」、「あの人はいい加減だから」と言われるような人だったら、私はその人の言うことを聞かないでしょう。

しかし、成績があまり良くなくても、理念やビジョン、会社の方針を理解している人格者であれば、「彼に言われたら従わなくてはいけないな」、「あの人の言うことなら理解できるね」というように、皆がその人の言うことを聞くと思います。そのような信頼感を得るためには、普段の行い、生き方がどのようなものであればよいのかを真剣に考えてみる必要があります。

第4章

充実した人生とは

50歳で社長を辞めるためのロードマップ

前章では、企業、経営、仕事の本質について私見を交えてお話しさせていただきました。この章では、私が社長を退任する前後から取り組んでいる本業以外の社会貢献について、お話しさせていただきたいと思います。

誰もがいつか、定年などさまざまな形で現役から身を引くことになります。私にとって社長退任は、現場のリーダーを降りたという意味で大きな節目となりました。

往々にしてよく見かけるのは、現役を退いた後、アッという間に老け込んでしまう人です。特に仕事一筋で生きていた男性ほど、その状況におちいりがちです。

でも、私は社長を退いた後も、やりたいことがたくさんありました。それを実現するために、東京商工会議所での公務のほか、自分でも五つの社会貢献を行うための組織を立ち上げ、現在の活動の中心にしています。ビジネスの現役を退いたら、次は社会貢献をするのが、充実した人生を送るうえで大切なことだと考えています。

私は26歳になろうとするときに起業しました。そのとき決めたのは、50歳になったら社長を辞めようということでした。人生を8年ごとに刻んで考え、26歳から3クールを経た24年後に、現場の第一線からは退こうと決意したのです。26歳で会社を立ち上げ、34歳までの8年間で株式を公開する。34歳から42歳までの8年間で会社を成長させ、42歳から50歳までの8年間で自分の経営者としての集大成をして後進に社長を譲るつもりでした。

ただ実際には、ITバブルの崩壊やリーマンショックなどがあって5年延びてしまったものの、55歳のときには社長を退任することができました。そしてようやく自分のやりたいことができる環境になったのです。

私は、50歳までの人生で大切なことが三つあると思います。

若いときは、まず知識を貯めることです。知識のない人間は、うわべだけは取り繕ったとしても中身が乏しく、自分を磨いていくことができません。

二つ目はお金を貯めることです。お金がなければ、学ぶことや経験を積むことなど自分への投資もできませんし、必要だと思うことに使うこともできません。

三つ目は人脈を貯めることです。

私は、知識とお金と人脈を、仕事を通じて全力で貯めていきました。そして50歳になってからは、それまでに培った知識や人脈を若い経営者の方々に渡していくと同時に、お金は世の中のために使っていこうと考えていました。

息子に残す唯一の財産は2万枚の名刺

ゼロで始まった人生ですから、これまでの人生で得たものを全部使い切って、ゼロで終わるようにしようと決めたのです。

余談ですが、私には息子と娘がおります。息子は私の会社におりますが、私は彼に「お金はいっさい残さない」と言ってあります。「相続は争続」という言葉があるように、私がお金を残してあの世に旅立ったら、そのお金をめぐって骨肉の争いが生じるかもしれませんし、何よりも自分で働いて、苦労して稼いだお金ではないので、ろくな使い方をしないおそれがあります。ろくでもないお金の使い方をすると、結局、ろくでもない人生を送ることになるのです。だから、今まで私がつくったお金は、私が関わっているさまざまな社会貢献事業に使いたいと伝え、すでに遺言にも残してあります。

ただ、私の持っている名刺は彼に渡すべきものだと考えています。2万枚以上あるでしょうか。これこそが私の持っている財産です。彼が将来、必要が生じて名刺を頼りに私の知人のもとを訪ねたとき、私の生き方がわかると思います。

もし、私の生き方が人の道から外れたものであれば、その名刺の主は「君のお父さんにはひどい目に遭わされた。だまされた」と彼に言うでしょう。

でも、私と関わった人たちから「ありがとう」と言ってもらえるような生き方を私がしていれば、「君のお父さんには世話になった。助けてもらった」と言われるはずです。だから、この名刺こそが彼にとっての財産になっていくのです。

私は人脈がいっさいない状態から、2万人以上の人脈を一人ずつ築いてきました。その中には息子の代、孫の代まで続くような関係を築けたと思っている人もいます。私はこの人脈以上の財産はないと信じています。私が息子に残すものは、私自身の生き様であり、名刺の数とその中身なのです。

今、私は66歳です。そして株式会社フォーバルは、2020年で設立から40周年を迎えました。これからも私は、会長として社業に関わるとともに、商工会議所での活動や、さまざまな社会貢献活動に携わっていきます。そして74歳になったら実業界から完全に引退することも決めています。

なぜなら75歳で後期高齢者になるからです。

そこから先、何年生きられるかはわかりません。ともかく仕事からは完全に離れて余生を過ごすつもりです。

知識と人脈とサムマネー

50歳までに知識と人脈と、いくばくかのお金（サムマネー）を貯めるために、私が何をしてきたのかをお話ししたいと思います。

まずお金については、別段ここで詳しく説明する必要はないでしょう。私の場合、経営者として保有している自社の株式があり、会社から受け取っている給料の一部を貯蓄に回しています。額は多少違っても、やっていることは普通の会社員とそう変わりません。

私は専門家ではないので、資産形成について詳しく説明できません。でも、たとえば持ち株会に入って自社株を保有するとか、日々の暮らしの中でしっかり金銭管理を行い、毎月少額でもコツコツと貯蓄をする、あるいはつみたてＮＩＳＡや確定拠出年金のような非課税制度を用いて、有利に資産形成をするなど、昨今はさまざまな資産形成の方法がそろっているようなので、それを有効活用して資産を築いていけばよいでしょう。

ここでスペースを割いてしっかりお話ししたいのは、知識と人脈の貯め方です。

皆さん、「人脈」ってなんだと思いますか。ここを勘違いしている方が結構大勢いらっしゃいます。お互いに相手の存在を認識しているのであれば人脈です。しかし、自分が一方的に知っているだけでは人脈とは言えません。「ああ、大久保さんのことなら知っているよ」と言っている人に私が会ったとき、「え？　この人誰だっけ」となってしまう関係は、人脈としては完成していないのです。

人脈とは、何かあったときに電話1本かければ飛んできてくれる。そういう気持ちをお互いに持てるかどうかが重要です。その人間関係にはいっさい、利害や損得勘定は入っていません。そういうことをすべて抜きにして付き合えるのが、本当の人脈なのです。

では、どうやってそのような人脈を築いていくかです。最初の出会いは紹介でもビジネスでもなんでもよいと思います。ただ、ビジネスで丁々発止《ちょうちょうはっし》をした間柄であったとしても、仕事を離れたところで損得抜きのお付き合いをすることが大事です。

もう30年以上もお付き合いさせてもらっている大臣経験者がいます。お互いに30代の頃、あることをきっかけにして知り合ったのですが、その当時の彼は都議会議員でした。

いろいろ話しているうちに、彼が国政に出ようとしていることを知ったので、彼の後援会の会長を引き受けました。もちろん完全なボランティアです。私は彼の国政に懸ける思いに打たれ、彼には国会議員になってもらいたいと心から思って取った行動です。そこには利害関係も、損得勘定もいっさいありません。

そして彼は国政選挙に立候補して、見事に一発当選しました。それ以来、彼とは家族ぐるみのお付き合いをさせてもらっており、お互いに30代だった頃は一緒に旅行へ行ったり、夜中まで飲んだりしたものです。

また、私が1954年生まれなので、同じ学年である1954年4月から翌3月の間に生まれた人を集めた「543会」という会もつくりました。この集まりも多士済々で、後々、ビジネス雑誌の編集長を務めた人、財務省で出世した人、その他さまざまな企業の経営トップなどが集まっています。

543会については、結婚している人はその相手も含めて引っ張り込んでいきました。そのため、男同士の集まりだけでなく、妻同士が仲良くなって、いつの間にか妻だけの会を開いたりもしています。知り合いが知り合いを連れてくるので、知り合いの輪がどんどん広がっていきました。「お金の貸し借りはしない」、「仕事で利用しない」というルールを設けることで利害関係や損得勘定が生じないようにしたことが、会を長続きさせているのだと思います。

あるいは、これは知識の蓄積とも絡んでくることなのですが、知り合いが主宰する勉強会に参加したことで広がった人脈もあります。

こうした人脈づくりを、私は30代、40代を通じてがむしゃらに行ってきました。会長職に就いてからは、自分が主宰した経営塾の活動が忙しくなり、そのうえ62歳になって脳梗塞を患《わずら》いましたから、今は新しい人脈を広げる活動はほとんどやっていません。したがって今の私の人脈は、すべて50代になる前に築いたものになります。

人脈づくりには、もう一つポイントがあります。利害関係や損得勘定抜きの人脈づくりは、若い頃から始めるべきだということです。

今、私がお付き合いさせていただいている人たちは、誰もが一度は名前を聞いたことがある上場企業の経営者、弁護士、政治家、公務員など、おそらくここに名前を挙げればそうそうたるメンバーです。皆、30代の頃は一兵卒に過ぎませんでした。皆、一兵卒だからこそ、つまらない利害関係、損得勘定抜きで付き合い始めることができたのです。それから30年以上がたち、気がついたら大勢の友人が社会的に高いポジションに就いていました。これは特に若い経営者に申し上げたいことなのですが、60歳以降、豊かな交流関係を持つためには、30代から人脈を築いていく努力をする必要があります。それも社内人脈ではなく、会社の外に人脈を求めることをお勧めします。

次に「知識」を貯めるためにはどうすればよいのかということです。私の場合は、いろいろな社外の勉強会に参加しました。そこは学びの場であるのと同時に、人脈をつくる場でもあったのです。

私は今、後進の経営者たちに「経営のやり方」ではなく「経営の在り方」が大事であることを説いています。それはこのときの勉強会で学んだことが根底にあるからです。どの勉強会も、経営者の心構えや会社の在り方を教えるのに大半の時間を割いていて、ハウツー論についてはほとんど教えてもらっていません。

どのような勉強会に参加したのかというと、たとえば住友銀行（現三井住友銀行）の副頭取で、アサヒビール代表取締役社長、東洋工業（現マツダ）代表取締役副社長などを歴任した村井勉氏が主宰していた「村井塾」や、京セラ創業者の稲盛和夫氏と、ソニーファウンダーの盛田昭夫氏が主宰していた「盛学塾」などです。そこでは経営はどうあるべきか、経営者はどうあるべきか、ということを徹底的にたたき込まれました。

どの程度、徹底していたかというと、18時くらいからお弁当を食べつつ勉強会がスタートして、22時、23時くらいまで「人間はどうあるべきか」といった話を聞き続けます。

かなり遅い時間になって、そろそろ終わりかと思うと、盛田氏が「いや、理解できていない者がいるから、まだやる」といって、さらに1時間、2時間しっかり教え込まれます。本当に厳しい勉強会でしたが、ここで学んだことが今の私の経営に対する基本的な姿勢をつくるきっかけになったのも事実です。

今、同じことをすれば「パワハラだ」などと言いだす人もいるかもしれません。でも、その厳しさを乗り越えてきたからこそ、今があるのだと思うのです。

ところで、こうした勉強会に参加して、とても良い話を聞くことができたと思ったら、それを自分だけのものにするのではなく、今度は自分が勉強会を企画して、周りの人たちにも教えてあげてください。

実のところ、本当に役立つ勉強会というのは、ごく少人数で行われるものが大半です。せいぜい8～10人といったところでしょうか。したがって当然のことですが、希望者全員が入塾できるわけではありません。

もちろん、参加したくても参加できない人も出てきます。そういう人たちが学べるように、今度は勉強会に参加した人が講師になって、他の人たちに聞いてきたこと、自分自身に腹落ちしたことなどを伝えていけばよいのです。

後進を育てる

私は55歳で社長を退いた後、会長に就任し、私だからこそ世の中のお役に立てるだろうと思われることにチャレンジしています。具体的に、どのような仕事に関わっているのかについて、お話ししましょう。


一つ目は商工会議所関係で、日本商工会議所の特別顧問、東京商工会議所の副会頭を仰せつかっています。

商工会議所は中小企業のためにある団体です。今、日本の中小企業は大変な状況に置かれています。人手不足、生産性の向上、ＩＴ化、事業承継など数多くの問題を抱える中、

2020年に入ってからは新型コロナウイルスの問題も降りかかり、その経営環境は非常に悪化しています。そのような厳しい状況下にある中小企業を、どうやったら救えるのかについて、日本商工会議所特別顧問や東京商工会議所副会頭として、日々、全力を尽くして考え、戦っています。

日本企業の99・7%は中小企業であり、日本の経済は中小企業が支えているといっても過言ではありません。その中小企業の経営環境を改善することが、日本経済を助けることにつながると考えています。ですから、中小企業のためになることであれば、私にできることであれば何でもやろうと決意しています。

私の会社には中小企業のお客様が何十万社といらっしゃいますので、「中小企業にとって、なくてはならない存在になろう」という意気込みで、常に仕事に取り組んでいます。中小企業にとって必要だと思われる、ありとあらゆることを事業化しているため、今では30社以上の子会社があります。中小企業のために必要な事業ごとに会社をつくった結果、多くの子会社ができてしまったのです。

商工会議所の関係で、東京都知事が主催する「東京の中小企業振興を考える有識者会議」のメンバーとしても働かせていただきながら、日本商工会議所では中小企業委員会共同委員長、東京商工会議所では中小企業委員会委員長もやらせていただいていることは光栄です。この分野は、私のもっとも得意なところでもありますので、かなりの時間をそこに費やしております。

ご存じない方も多いかと思いますが、商工会議所の会頭・副会頭は完全なボランティアで、給与はいっさいありません。大勢の企業経営者や元経営者が、商工会議所で日本経済のために無償で尽力していることを知っていただけると幸いです。

二つ目は、経営塾を主宰しています。私がこれまで得た知識を、若い経営者に渡していくため、大久保秀夫塾という塾を開いています。今まで仙台、東京、名古屋、大阪、広島、福岡で300人近い経営者に「経営者の在り方」と「経営のやり方」を教えてきました。

現在、この塾のOB会には半分程度のメンバーしか残っていません。なぜなら、世間一般で言われている経営塾とは、かなり異なった内容だったからです。経営のハウツー本を読むことをいっさい禁じ、最初の1年半は「経営者の在り方」しか教えませんでした。そしてHow to beである「経営者の在り方」をきちんと学んだ人だけに、How to doである「経営のやり方」を教えたのです。

世間一般の経営塾の大半が「経営のやり方」だけを教えます。でも私の経営塾は、ひたすら「経営の在り方」を教え込みました。おそらく経営のやり方を知りたいという人には、満足のいかない内容だったのだと思います。

でも、これにはれっきとした理由があります。経営のやり方ばかりを学んだ人間は、いろいろな人の話を聞いたり本を読んだりするたびにその話に感化され、流され、ふらふらとしてしまうのです。世間にはたくさんの経営のマニュアル本があります。中には何万部、何十万部と売れている本もあります。これらの本を読んだ人が本当に成功しているのでしょうか。

おそらく儲かっているのは、これらの本を書いた人だけではないかと思います。読んでいる人たちは、さまざまなハウツー本が話題になるたびに飛びつき、そのやり方に振り回され、読んだだけでできた気になってしまうのです。

軸の定まっていない人間が、枝葉であるやり方に振り回されると、その会社の社員は大変な迷惑を被ります。

これは経営者であろうと、社員であろうと一緒です。しっかりとした軸を定めておかなければ、問題が起こるたびに右往左往してしまい、問題の本質を見抜いて解決することができないのです。

そうならないようにするため、経営の在り方という幹をしっかりつくったうえで、枝葉であるやり方を学ぶ必要があるのです。

この塾では、前章でお話ししたような企業や経営の本質について、塾生に徹底的に教えてきました。おかげさまで最後まで残った経営者たちは、しっかりと業績を伸ばしています。中には倍々で業績を伸ばしている企業もあって、教える側にとってうれしい限りです。

この塾は、私が直接指導できる人数に限りがあるため、人数も期間も限定した私的な経営塾でした。現在は大久保秀夫王道経営塾という名前のＯＢ会として、年に数回ほど塾生に話をさせていただいています。

正しい資本主義の在り方を広める

ところで、この塾で教えているときからずっと、今の資本主義はいびつな方向に進んでいると感じていました。

それを何とかして良い方向に変えていかなければならないと考えていたものの、この塾で直接指導できる人数を増やすのは難しいという事情もありました。私が直接教えるのではなく、同じ志を持った仲間や若い経営者を広く集めて組織化することにしたのです。お互いに学びあい、協力しあって公益性を持った資本主義を世に広めていこうと考え、「一般社団法人　公益資本主義推進協議会（ＰＩＣＣ）」という団体をつくりました。

この団体は、本物の経営とは企業の利益の社中分配、すなわち社員とその家族、顧客、取引先、地域社会、株主に対して公平に分配して皆を幸せにすること。事業は継続することが大事であること。そのためにはイノベーションが必要であること。以上3点について学び、実践し、そこで生まれた成功事例を広く啓発する活動を行う。それを通じて、欧米を中心にして広がってきた金融資本主義の考え方に対抗することを目的としています。

その活動の一つとして、地域で商売を営んでいらっしゃる経営者の方々に、地元の中学校や高校、大学で出前授業を実施してもらっています。会社経営とは何なのか、どのような経営をしているのか、そして働くとはどういうことなのか。これを学生たちに教え、これから社会に出ていく若者らに、いろいろと学んでもらう場を提供しています。

また、関西学院大学教授でニュースキャスターとしても有名な村尾信尚氏と一緒に、「マイコミュニティフォーラム」という活動を行っております。そこでは、

一般社団法人　公益資本主義推進協議会（PICC）

一般社団法人
公益資本主義推進協議会
Public Interest Capitalism Council

TEL：03-6826-1234　ホームページ https://picc.or.jp/

PICC（Public Interest Capitalism Council＝公益資本主義推進協議会）は、公益資本主義を全国に広め、世の中を変えるためのきっかけをつくる活動を推進する協議会です。公益資本主義とは、米国型の株主資本主義でも中国型の国家資本主義でもない第三の道を指し、原丈人氏が著書『21世紀の国富論』や自身が設立したアライアンス・フォーラム財団にて提唱している概念です。企業を社会的存在ととらえ、株主の利益のみを優先するのではなく、社員とその家族・顧客・取引先・地域社会などステークホルダー全体への貢献（公益）を重視する資本主義を指します。

現在、8つの支部・設立準備委員会を中心に日本全国で250社、60名の若者が会員として活動。100年企業研究・途上国支援・地域活性化・教育支援・会員交流の5つの委員会を中心に公益資本主義を学び、それを実践し、日本中・世界中へ広げていくことに取り組んでいます。

会員各社が目指しているのは、社会性をベースとした会社・事業を立ち上げ、独自性のあるビジネスモデルに昇華させると同時に、経済性も成り立つよう改良改善にチャレンジすること。その結果として生まれた利益は、社員とその家族、顧客、取引先、地域社会、株主に公平に分配していきながら、永年続く企業となることです。

経営者が「仕事とは」をテーマに出前授業を実施

全国でマイコミュニティフォーラムを開催

・若者が成長できる場
・社会に対する行動力の高い若者同士・社会人が交流できる場
・今はオフの若者がオンになるための刺激を得られる場

という場をつくり、問題意識を持ってもらうのと同時に、若者に社会参画をしてもらうきっかけづくりをしています。

また、発展途上国を支援するための委員会や経営を強化するための委員会、地域を活性化するための委員会など、経営者としてやらねばならない活動を実践しながら、中小企業を伸ばしていくためのさまざまな活動を行っています。

参加されている経営者の皆さんは、社会性をベースとした会社・事業を立ち上げ、独自性のあるビジネスモデルに昇華させると同時に、経済性も成り立つよう改良改善にチャレンジしています。そして、その結果として生まれた利益は社員とその家族、顧客、取引先、地域社会、株主に公平に分配していきながら、永年続く企業になることを目指しています。

話は少し変わりますが、日産自動車にかつて名経営者といわれていたカルロス・ゴーン氏がいました。

彼は日産自動車を立て直すため、「日産リバイバルプラン」を打ち出し、全世界でグループ2万1000人の人員削減、下請け企業1145社を600社以下に減らしました。東京にあった村山工場もその中の一つとして閉鎖され、まわりにあった社員がランチなどで通っていたレストランや病院、学校もその影響を受けてつぶれてしまい、この街全体の経済が大打撃を受けてしまいました。

このように企業の倒産や撤退によって、その会社の社員や家族だけではなく、まわりの会社や地域の人々の経済活動まで影響を受けてしまうのです。経営者は、そういったこともしっかり理解しておく必要があります。事業継続は企業にとっての責任だということを、このPICCでも経営者の皆さんに伝えています。

地域や世界に貢献する

日本の地方経済や新興国経済を支援するための活動も行っています。

2008年には「特定非営利活動法人　元気な日本をつくる会」という団体を立ち上げました。これは主に自民党の議員の方々と勉強しながら、地方の活性化に取り組んでいる団体です。早朝7時半から自民党本部を貸していただき、朝食をとりながら、地方の現状

特定非営利活動法人　元気な日本をつくる会

POWERFUL JAPAN
元気な日本をつくる会

TEL：03-6825-3405　　ホームページ https://powerful-japan.org/

NPO法人である「元気な日本をつくる会」は官民連携による地域活性化を推進するため、民間事業者としての発想力や行動力、経験をもとに、全国の自治体と連携した取組みを展開しています。

課題分析から施策提言、事業を通じた地方活性化プロジェクト、グローバル推進プロジェクトを応援する団体です。

中小企業の地方進出、および地方企業と首都圏企業との連携を通じて、中小企業の競争力の強化と地域振興を支援することを目的としています。中小企業の地方進出を、補助金ではなく、事業機会の創造で促進することが重要であると考え、政府部門では実現できない、機動的で柔軟なサービスを中小企業と地方自治体に提供する活動を展開しています。

〈事業内容〉

1）　民官パートナーシップによる事業創造および議員連携の勉強会の運営
2）　地域の社会的課題解決モデル構築（市場調査・分析・提案・実施）
3）　中小企業と地方自治体のマッチング支援
4）　地方自治体、議員連盟を通じた補助事業等の施策案作成
5）　観光流入人口増大施策事業
6）　都市農村交流促進事業
7）　道の駅　経営コンサルティング
8）　地方活性化にかかわる各種セミナーおよび講演・研修の実施
9）　6次産業化、HACCP促進事業
10）　地域特産物開発およびPR促進事業
11）　第３セクター等の経営改善提案および実施
12）　海外企業とのビジネスマッチング
13）　国内自治体および中小企業の海外進出サポート支援

についての話を聞いたり、議員と議論したりする勉強の場となっています。また地方に若い経営者たちが視察に行き、その地域の役所の方と一緒に何をすればいいかを考える実践の場を持つ活動も行っています。

さらに私は公益財団法人として、国際交流と奨学金事業を行っている「クロスボーダー・ウィング」という財団をつくっております。

この団体は、児童養護施設に入っている子どもたちに対して、他国の同様な施設の子どもたちとの国際交流の機会を与えるという活動を行っています。児童養護施設に入っている子どもは自己肯定感が非常に低く、また相互承認をすることが難しい場合もあります。

九州の、とある児童養護施設の施設長と話をしたとき、「施設を出た後の子どもたちは、児童養護施設にいたことを他の人に決して話したがらない」と聞きました。なぜかというと、そこにいたことが、彼らにとってマイナス要因だと捉えられているからです。施設長は、一人でも多くの児童養護施設出身者が、有名な音楽家やスポーツ選手などになって活躍することにより、いつか皆が胸を張って施設出身だと言えるときが来てほしいとおっしゃっていました。

公益財団法人クロスボーダー・ウィング

Cross-border Wing

TEL：03-3486-5525　ホームページ：https://www.cb-wing.org/

公益財団法人クロスボーダー・ウィングは、グローバルな人材の育成を目的とし、国際交流支援と奨学金事業に携わることで国籍や経済状況に左右されない就学支援を行っています。

クロスボーダー・ウィングは、児童養護施設の子どもたちのための国際交流事業と、開発途上国であるカンボジアで教師を目指している子どもたちのための奨学金事業の2つの事業を行っています。

「国際交流事業」

2015年からスタートしたこのプログラムは、毎年夏休みの時期に日本と韓国で開催しています。児童養護施設の子どもたちは、4泊5日で訪問国の児童養護施設の子どもたちとの交流や、訪問国の文化に触れることで、隣国である両国への理解を深めるとともに友人関係をつくっています。

寄せ書きをする子どもたち

「奨学金事業」

「国を発展させるために良い人材を育てられるような教師になりたい」と頑張る学生を応援するために始まったカンボジアの小学校教員養成校の学生に対する奨学金事業です。2015年からプレイベン州、スバイリエン州、コンポントム州の小学校教員養成校を支援してきましたが、2020年度からはコンポンチャム州、コンポンチュナム州、クラチェ州の小学校教員養成校の学生にも拡大して支援を行うことになりました。

模擬授業中の学生たち

当財団のホームページでも、日本の児童養護施設の子どもたちの顔が映った写真は載せられず、後ろ姿の写真だけというのが現状です。同所で生活していることに対してはまだ偏見があり、児童養護施設にいることが、子どもたちにとって不利益になると考えられているのです。

日本の児童養護施設の問題は、施設を出た後も続きます。たとえばお隣の国である韓国の場合は、大学生になると、授業料は国が支援してくれ、学生である間は施設で生活し続けることができます。

しかし日本の場合は、18歳になったら施設を出なければなりませんし、大学の授業料支援はありません。大学で勉強したい子は、高校生になったら一生懸命アルバイトをして、一人暮らしをする生活費や、大学の入学金・学費を貯めなくてはならないのです。

また、一人暮らしをするにも家を借りるための保証人が見つからずに苦労したり、社会に出てからもいわれのない差別を受けたりするなど、さまざまな苦労が降りかかります。一人でも多くの子どもたちが、出自に関係なく明るい未来を信じて学び、生活できる環境を整える必要があります。

戦後、日本には多くの児童養護施設ができました。その理由は、戦争で親が死んでしまった子どもたちがたくさんいたからです。

ところが今、同所にいる子どもたちの大半は、親が亡くなって身を寄せる場所がなくなったからではなく、親が犯罪に手を染めて逮捕されたがために生活できなくなったり、あるいはＤＶでそれ以上、自宅にいられなくなったりした子どもばかりです。特にＤＶやネグレクトなど、親が自分のストレスを子どもにぶつけてしまい、体も心も傷つけられた子どもが大勢います。

これは国際交流事業を行う中で知ったのですが、未成年の子どもがパスポートをとるには、保護者である親の許可が必要です。

ところが、自分の子どもが海外に行けるチャンスに恵まれたことを妬《ねた》み、あるいは自分が一度も行ったことのない海外に子どもが行けるのが悔しいというくだらない理由から、子どもがパスポートを取ることを許さない親がいるのです。

そこで、少しでも子どもたちにチャンスを与えたいと思い、２０１５年から毎年夏休みの間、日韓の子どもたちの交流を行っています。お互いがお互いの国の言葉を勉強し、少しでも直接、コミュニケーションが取れて、相手の国のことを理解できるよう、交流の期間だけにとどまらない子どもたちの自発的な行動が生まれるよう活動しています。

またカンボジアで教師の給料は低いにもかかわらず、国を発展させるために良い人材を育てられるような教師になりたいという志を持った学生に対して、奨学金事業も行っています。

私はもう一つＣＩＥＳＦ（シーセフ）という公益財団法人をつくっています。これは、「教育をすべてのはじまりに」という合言葉のもと、開発途上国の教育支援を行っている団体です。主にご縁のあったカンボジアで活動しています。

ご存じの方も多いと思いますが、カンボジアは１９７５年から4年弱の間、ポル・ポト独裁政権のもと、多くの国民、特に知識層が虐殺されたという悲しい過去があります。その時代に教育はすべて停止され、教師は殺され、教科書は焼かれてしまいました。

ポル・ポト政権の崩壊後、教育制度は復活しましたが、教科書がなく、教える教師もいません。そこでかろうじて字が読めるというだけの人を先生にして、カンボジアにおける教育は再スタートを切りました。

そのような状況ですから、カンボジアはアセアンの開発途上国の中でも、とりわけ教育が遅れており、これを立て直すことは喫緊の課題でした。そこでＣＩＥＳＦは、教師の育

公益財団法人CIESF(シーセフ)

シーセフ

TEL：03-5774-0250　ホームページ：https://www.ciesf.org/

公益財団法人CIESF（シーセフ）は、カンボジアをはじめとした開発途上国で「国境なき教師団」として教育支援を行っている国際NGO団体です。

開発途上国で本当に必要な支援は、モノの支援ではなく、国が自立し、人々が自分たちの力で生きていけるように、人を育てることです。お金やモノの支援は支援されたものがなくなってしまえば、それで終わりです。そのため支援の際には、「魚を与えるのではなく、魚の釣り方を教える」という考え方を大切にしています。

シーセフは、「教育をすべてのはじまりに」という言葉を合言葉に、「教師を育てる」「教育行政を改善する」「起業家を育てる」「産業人材を育てる」「地球益を目指す、志をもったリーダーを育てる」という5つの支援事業を行っています。

「教師を育てる」

カンボジアにおいて、ポル・ポト派の独裁政権時代に崩壊した教育の立て直しに不可欠な教師の質の向上のために、日本からベテランの理数科教師を派遣し、現地の教員養成校の教官の指導を行っています。

「教育行政を改善する」

カンボジアの教育省と一緒に教育政策大学院大学を設立し、若手の役人達の再教育の場として支援しています。

「起業家を育てる」

毎年、カンボジアとミャンマーでビジネスモデルコンテストを行い、若手経営者を生み出す活動をしています。

「産業人材を育てる」

これまでに、日本語人材の育成を行っており、今はIT人材の育成に力を注いでいます。

「地球益を目指す、志をもったリーダーを育てる」

2016年にカンボジアで幼小中一貫校（CLA）を設立しました。世界が抱えている問題を解決できるような志と問題解決能力をもった子どもたちを育てることに注力しています。

CLAで勉強している子どもたち

成をはじめ、教育行政の改善、起業家育成、産業人材の育成、そして最先端教育を行って子どもたちを育てるなど各種支援を行っています。さらにミャンマーとベトナムでも、起業家育成や産業人材育成のための支援を行っています。

カンボジアでこうした支援を始めた当時、信じられないようなことがありました。カンボジア人の先生たちに、10センチの線を定規で引いてもらうと、なぜか9センチになるのです。5センチを引いてもらおうとすると、4センチになります。

最初はどうして1センチずつ短くなるのか理解できませんでしたが、ようやく理由がわかりました。数字にゼロの概念があることを知らなかったのです。数字はあくまでも1から始まるものと彼らは思いこんでいたので、10センチは1センチから10センチまでを引くものと、間違って理解していました。先生がそういう状態でしたから、当然のことですが、子どもたちも間違って学んでいたのです。

またその当時、学校を建設する支援や、物資の支援も行われるようになりました。学校には顕微鏡や実験道具、分度器、コンパスなどの教材も徐々にそろいつつありました。

ところが、これらの教材は授業の現場で使われることなく、すべて大切にロッカーに仕舞い込まれていました。その理由を尋ねると、先生方は使い方がわからないというのです。

教科書に書いてあるものしか見たことがなく、実物には触ったことがありませんでした。教科書を使って書かれてある通りに子どもたちに教えるけれども、実物については使い方も教え方もわからないという驚くべき状況だったのです。

つまりカンボジアに関しては、物資の支援だけではなく、教師に教材の使い方や指導の仕方を教えなくては、教育問題は一歩も先に進まないと思いました。

このような問題意識から始まった教師を育てる支援です。その内容は、カンボジアの教員養成校に日本からベテランの理数科の教師を派遣し、教員養成校の教官の指導を行うというものです。初めて日本から教師を派遣したのは２００９年９月で、２０１９年までに延べ34人の先生に現地に行っていただいています。赴任時の先生方の平均年齢は64・２歳で、最高齢は72歳です。指導を行った教員養成校の数は6校、教官の数は36人、この教員養成校を卒業して先生になった人の数は約７０００人です。そして、その先生たちのもとで学んでいるカンボジアの生徒は30万人近くになりました。

このように現場の先生を育てるとともに、二つ目の支援として教育行政の問題を解決する活動も行っています。カンボジアの教育省と一緒に教育政策大学院大学を設立し、２０１２年から行政官の再教育も支援しています。これまでに１３０人の支援した卒業生が行政や教育の場で活躍しています。

三つ目の支援は年1回、起業家を育てる目的で、大学生を中心としたビジネスモデルコンテストを定期的に開催しています。コンテストとはいえ、優れたビジネスモデルを表彰することよりも、選考途中での指導や講義などに注力し、社会性のある事業を育てること、実際に起業できるだけの力をつけてもらうことを目的としています。まだ少ないのですが、十数人の新しい起業家がこのコンテストから生まれています。

四つ目の支援は、2011年から行っている日本語教育やビジネスマナー教育、IT教育による産業人材育成です。

五つ目の支援は、「地球益を目指す、志をもったリーダーを育てる」というミッションを掲げ、2016年にCIESF Leaders Academy（シーセフ　リーダーズ　アカデミー：CLA）を設立しました。この学校は学費が無料で、2歳児から中学校を卒業するまでの教育を行う幼小中の一貫校です。初年度は2、3歳児からスタートして、2020年8月現在は2歳児から小学校1年生の5クラス、約100人の子どもたちが学んでいます。将来的には、この学校を卒業してから高校、大学は日本に留学してもらうことを目指しています。

最高の生き方を考える

このように私は、東京商工会議所を中心として六つの社会貢献を行っており、やりがいのある充実した人生を送っています。

皆さんもぜひ、会社で働くだけでなく、自分にできることを見つけて、新しい取り組みをしてみてください。NPOやNGOをつくって活動するのもよいでしょう。そこまで大がかりなことはできないというのであれば、地域で社会貢献を行うのもよいと思います。

現役の頃、会社の経営に関わっていた人であれば、若い経営者を指導するのもよいでしょう。

あるいは、開発途上国や教育に興味がある方であれば、いつでもCIESFは門戸を開いていますので、前述したような活動を手伝ってみてはいかがでしょうか。

すでに定年を迎えているか、あるいは定年まで残り数年になったら、儲けることや人と競うことではなく、利害関係や損得勘定のないところで社会に貢献し、大勢の人から「ありがとう」と言ってもらえるような生き方をすることが大切ではないかと思います。それこそが最高の生き方ではないでしょうか。

究極は、企業も人間も社会に対する貢献、すなわち「ありがとう」の数をどれだけ集められるかが大切なことで、そのような生き方をすべきだと思います。「ありがとう」の数を集めることなく、ひたすら利益を追いかけるだけでは、企業としての価値はありません。またどれだけ高い地位やお金を得ている人でも、「ありがとう」の数が少ない人は、自分の人生に満足できないでしょう。ぜひ、皆さんにとっての最高の生き方とは何かを考え、探していただければと思います。

人生100年時代なので、定年を迎えた後からでも40年近い人生を過ごさなければなりません。この長い時間を少しでも有意義に過ごすためには、それまでの人生経験を生かして、自分の得意なこと、好きなこと、やりたいことを早めに見つけておくことです。

「今さら遅すぎる。無理だ」などとあきらめず、「まず動け、そこから道が拓《ひら》けていく」ということを肝に銘じて、行動してみてください。

利他の心で社会に貢献する

本章の最後に、ここまで読んでも定年後、自分のやりたいことが見つからないという方へのアドバイスをさせていただけたらと思います。

定年になったら毎日ゴルフに行ける、釣りに行ける、ゴロゴロしていられる、妻と船旅を楽しもうなど、いろいろなことを計画している方は多いと思います。私の周りにも、そういう方はいらっしゃいますし、今までさんざん働き詰めだったから、少しくらいゆっくりして、自分の趣味を楽しみたいという気持ちも、わからないではありません。

でも、それらが楽しいのはおそらく3年程度です。

よく考えてみてください。人生100年時代と言われている長寿社会において、60歳で定年を迎えたら40年、65歳で定年を迎えたら35年もの時間が残されているのです。これだけの長い時間を、ゴルフや釣り、船旅でつぶすことはできません。必ず飽きます。つまり趣味だけで長い定年後の時間を過ごすのは無理なのです。

私は今、66歳ですが、この年になって同世代の人間に会うと、人ははっきりと二つのタイプに分かれます。

一つは半分呆《ぼ》けてしまったような人。といっても認知症のような病気で呆けているのではありません。定年になってからしばらくの間は自分の趣味に興じていたものの、それに飽きてしまい、かといってほかに何かするわけでもなく、1日中、新聞やテレビを見てボーッとしている人のことです。皆、現役のときは上場企業の役員や部長クラス、あるいは公務員でも非常に高いポジションで活躍していたような人たちなのに、なぜかそうなってしまうのです。

その一方、創業者や経営者で働き続けているような人は、同じくらいの年齢でも元気です。日頃の無理と不摂生がたたって、脳梗塞や心筋梗塞を患っているような方々が多いのですが、見た目は完全に現役を退いている人たちに比べると、それでも元気です。まだまだやらなければならないこと、やるべきことがわかっているので、気力が萎《な》えないのだと思います。

なぜこれだけの違いが生まれてしまうのでしょうか。

実はこれも「プロ意識」を持って働いてきたかどうかと、大いに関係することだと思うのです。

プロ意識を持たずに働いてきた人は、自分が取り組んでいる仕事はいったい誰に喜んでもらうためのものなのか、ということの意識が希薄です。しかも上司や同僚、部下からの評価ばかりを気にして生きてきましたから、定年になって会社との縁が断ち切られてしまう。もちろんそれによって清々《せいせい》する面もあるとは思いますが、3年、4年という歳月が経過すると、何もやることがないことに気づき、中にはノイローゼみたいな状態になってしまう人も出てきてしまいます。

でも、プロ意識を持って楽しく仕事をしてきた人は、定年になった時点で終わりではなく、自分がこれまでの仕事を通じて得た知識やスキルを社会に還元しようと考えます。もちろん全員が全員そうだとは限りませんが、私が見てきた限り、そういう人が大勢いました。仕事に対してプロ意識を持てる人は、人生の最後の瞬間まで充実した時間を過ごすことができるのです。

では、プロ意識を持たずに50歳になってしまった人は、どうすればよいのでしょうか。

やるべきことは二つあります。

まず50歳を迎えたら、定年までの最後の10年、あるいは15年は、自分の仕事の総仕上げだという気持ちで、自分が行ってきた仕事を振り返り、ここはまだ足りないなと思う部分があったら、そこを徹底的に追求します。そして定年を迎えた後は、自分が得たもので社会に貢献するという気持ちを高めていくことも大切です。

そしてもう一つは、社会で起きているさまざまな問題をすべて自分事として捉えるようにします。地球温暖化の問題、家庭内暴力の問題、教育の問題、格差社会の問題など、新聞やテレビニュースでは日々、さまざまな問題が取り上げられています。それらを「まあ、でも俺には関係のないことだからな」などと他人事《ひとごと》で受け流すのではなく、「自分がこれまで培ってきた経験を、これらの問題を解決するのに役立てられないかな」と考えるようにするのです。

人間の一生は、自分以外の誰かの役に立つためにあります。そういう気持ちがあり、かつ他人から感謝されて初めて、「頑張ろう」、「やってやろう」という気力がみなぎってくるのです。定年になったら、社会との関係性を断ち切って、自分の好きなことだけをやって過ごすなんて考え方はいけません。自分がこの世から「さようなら」をするときまで、ずっと誰かの役に立ち、社会の課題を解決するためには、どうすればよいのかを考えて、実行するべきです。それこそがまさに「利他」の心なのです。

第5章

最高の生き方を全うするための心構え

今日という1日は「清算」と「生産」でできている

前章では、私自身が社長を退任する前後から取り組んでいることについて、お話しいたしました。この章では、「最高の生き方」を全うするために必要な心構えについて考えてみたいと思います。すでに定年を迎えた方、間もなく定年を迎える方にとっては、いよいよ人生を総仕上げする時期に差し掛かります。詳しくは後述しますが、人間の一生は最後が肝心です。「終わりよければすべてよし」などと言われますが、それは幸せな人生を送れたかどうかという点にもつながってきます。

仕事人間だった私は、62歳になるまで仕事一途でひたすら走りました。ところが突然、脳梗塞を患い、現在に至るまでの4年間で人の生死や健康のありがたさについても目が届くようになり、前章までにお話ししたようなことを強く考えるようになりました。

66歳は、普通のサラリーマンであれば定年後になります。最近は65歳定年を導入している会社も増えています。そういう会社でも60歳を過ぎれば「嘱託」扱いになるのが普通なので、66歳という年齢は現役から一歩引いた立場になります。そうなると、「人生100

年時代」の中で残された35年間、ないしは40年間をどう生きていけばよいのかについて、真剣に考える必要があります。

これまでと同じように、現役の第一線でバリバリ働くような仕事はもうありません。しかし、35年から40年という長い時間（それは大学を卒業して定年を迎えるまでの時間とほぼ同じです）、何もせずに、ただボーッと生きていくのは、耐えられないことだと思います。

私の友人の大半も会社勤めだったので、すでに定年を迎えて世にいう「悠々自適」な生活に突入しているのです。でも、同窓会などでたまに会うと、退職して1、2年の間は楽しかったけれども、その後は毎日やることがなくなり、自分の存在感そのものが失われてしまったような気がして、頭がおかしくなりそうだと言っている友人もいます。

ましてや病院や介護施設に入り、日常の身の回りのことですら自分でしなくても済んでしまう生活は幸せでしょうか。楽しいでしょうか。

私は両親が高齢になったとき、介護施設に入れたことを、今でも後悔しています。父は病気だったこともあり、介護施設に入れざるを得なかったのですが、母は介護施設に入るまではとてもよくしゃべり、心身ともに元気でした。ただ、足腰が弱くなってしまったため、介護施設に入ってもらったのです。それから1、2年くらいたってからでしょうか、ほとんど話をしなくなり、笑顔が消えて、認知症が始まってしまいました。

至れり尽くせりの介護施設では、黙っていても三度の食事が用意されます。お風呂にも入れてもらい、掃除をしてもらい、介護もしてもらえるため、何一つ自分でしなくても生活できてしまいます。

空調もしっかりしているので夏は涼しく、冬は暖かく、きわめて快適な環境に守られているので、自分自身で少しでも快適になる方法を考え、行動する必要がまったくといってよいほどありません。その結果、母は『恍惚《こうこつ》の人』のようになってしまったのではないでしょうか。

母のことを考えると、人間は日々、何かしらの刺激がないと、自分の生きる意味や価値を見失ってしまうのではないかと思います。

人は必ず死にます。しかし、いつ死ぬかは誰にもわかりません。特に年齢が若い人は、自分が死ぬなんてことは、まだまだ先のことだと感じると思います。

しかし私の会社でも、40代半ばでタバコは吸わない、お酒も飲まないなど、どう考えても健康リスクは低いと思われるような社員が、ある日突然、心筋梗塞で亡くなったという例があります。

昨今も新型コロナウイルスのせいで、何人かの有名な方が亡くなっています。それも新型コロナウイルスにかかってから亡くなるまで、あっという間だったりします。

繰り返しになって恐縮ですが、人は必ず死にますし、いつ死ぬかわかりません。だからこそ、今日という1日をいかに大切に生きるかが、本当に重要になってくるのです。「今日1日を大切にする」という心がけは、定年になってからももちろんですが、現役のときからその意識を持つことをお勧めします。

もちろん、今日という1日をいかに大切に生きるかといっても、忙しい仕事に大半の時間を費している人が多いでしょうから、いったいどの時間を大切にすればよいのか悩む人もいらっしゃると思います。仕事が終わり、その日残されたわずかな時間を大切に過ごせばよいのでしょうか。

いいえ違います。残されたわずかな時間だけを丁寧に生きたとしても、それは1日を大切にしたことにはなりません。大事なのは日々、大半の時間を費やす仕事に一生懸命取り組むことを通じて、自分の1日を大切にしていくことなのです。

そして今日という1日は、「清算」と「生産」の二つでできていることを理解しておいてください。読み方は両者とも「せいさん」なのですが、「清算」は過去に行ってきたことの結果であり、「生産」は明日以降につながるものを生み出していくことです。そして1日の中で行う仕事は、過去に行ってきた仕事のやり残した分を片付けるのと同時に、明日以降に向けて、新たなものを生み出すための作業に充てられます。つまり今日という1日は、清算と生産で成り立っているというわけです。

そう考えると、どうやって1日を大事にしたらよいのかということが見えてきます。

たとえば1日の作業量が10だとしましょう。過去の仕事がなかなか片付かず、やり残した分を今日、処理するのに必要な作業量が4とか6になると、その分だけ新たなものを生み出すための生産に充てられる作業量が6とか4というように減ってしまいます。

もっと具体的な事例を挙げると、1日に対応できるお客様の件数が10件として、このうち6件からクレームが入ったら、その営業担当者は1日のうち4件しか新規開拓ができなくなります。自分の仕事を大きくするチャンスが失われますし、同時にその人が仕事をすることで新たに感謝してくれるお客様を増やすことができなくなってしまいます。

ましてや、10件のうち10件ともクレーム処理で終わったりしたら、その日がとてつもなくつまらなく、明日へ何もつながらない、むなしい1日になってしまいます。

そうならないようにするためには、その日の仕事はその日のうちに全部片付けて、明日以降に持ち越さないようにすることです。

今日やるべきことは今日やる、今やるべきことは今やる、というようにすれば、明日という1日はすべて次の新しいことの生産に充てることができます。だから、1日1日を無駄にしないよう、今日という日を一生懸命生きることが大事なのです。

「ありがとう」を集める生き方をする

充実した日々、幸せな日々とはどういうものでしょうか。皆さんは、何をしているときに、「自分の人生は充実しているな、幸せだな」と思われるのでしょうか。

また夜、就寝するときに、「今日は楽しかったな、充実していたな」と思えるのは、どのような1日を過ごしたときでしょうか。

日々、何の充実感も意識することなく、ただ朝起きて、電車に揺られて会社まで行き、お決まりのルーティン仕事をして、仕事が終わった後は会社の近くで同僚と愚痴を言い合いながら一杯飲んで帰宅し、お風呂に入って寝る。こんなことをひたすら繰り返していたら、おそらく毎日がとてつもなくむなしいものに感じられると思います。

なにかの縁で本書を手に取り、読んでくださっている皆さんには、真に充実した1日とはなんなのか、本当の幸せとはなんなのかということを、この機会にじっくりと考えていただきたいと思います。

では、定年を迎えた後の人生を、どのように生きていけばよいのでしょうか。

定年後に起業をして、ビジネスパーソンとして第二の人生を歩む人もいれば、ボランティア活動など社会貢献に力を入れる人もいるでしょう。定年後の生き方は人によってさまざまですが、一つだけ真理があります。

それは「ありがとう」の数を集める生き方をするべきだということです。なぜかというと、人は「ありがとう」と言ってもらうことに喜びを感じるからです。「ありがとう」と言われるということは、自分はもちろん、相手も幸せになるからです。

「ありがとう」と言われることが嫌いな人がいるでしょうか。そんな人は一人もいないと思います。これまでお会いしたどんな経営者も、どの道のプロフェッショナルも、同じ意見でした。サラリーマンでも、生き生きと働いている人は、高い報酬を得ることよりも、お客様から「ありがとう」と言われることにやりがい、生きがいを感じています。

そして、不思議なことですが、お金を集めようとする人よりも、「ありがとう」を集めようとする人の方が結果的に周りから感謝され、収入も自然と上がっていくのです。

これから起業で第二の人生をスタートさせ、定年前と変わらず現役のビジネスパーソンとして働き続けるにしても、60歳を過ぎたらお金儲けのためにガツガツ働くのではなく、周囲にいる大勢の人から感謝される生き方、働き方をするべきでしょう。

定年を迎えるまでの第一の人生で、自分自身は「ありがとう」の数を集めたいと思っていても、さまざまな大人の事情があってできなかった方も多いのではないでしょうか。

しかし60歳を超えて、これまでの会社や仕事から解放された皆さんであれば、子どもたちもそろそろ独立する年齢でしょう。家族の生活を維持するために、自分の本当の気持ちから目を反《そ》らしてまで仕事を続ける必要はなくなります。好きなように「ありがとう」の数を集める人生が歩めるはずなのです。

この「ありがとう」を集めることが人間にとってもっとも大切であり、死ぬまで続けるべきことなのです。

そして、自分が天に召されるまで「ありがとう」を集め続けるためには、「明・元・素」が大切です。「明・元・素」とは、明るく、元気で、素直に、という意味です。ちなみに「明・元・素」は年を取ってからだけでなく、企業の経営者にも必要な要素です。やはり企業経営者は明るい性格を持ち、心身ともに元気で、素直に人の教えに耳を傾けられるような人でなければなりません。

とにかく明るく振る舞い、挑戦を続ける

人は高齢になるにつれて徐々に明るさを失っていきます。よくお年寄りの方で、ここが痛い、あそこが痛い、どこが悪い、と年がら年中言っている人がいます。実際に自分が年を取ると、そのことが身に染みて、よくわかります。

仏教語に「生老病死」という言葉があります。人生において免れない四つの苦悩のことで、老いれば体のいろいろなところが不調になり、病気が増え、やがて死に向かっていきます。病気のときは痛みや苦しさにさいなまれますし、たとえ病気ではないときでも、老

いた体は常にどこかが痛むので、どうしても明るい気持ちが減ってしまいます。なんとなく滅入《めい》ってしまうのです。

しかし、それでも私は皆さんに明るく生きてほしいと願っています。楽しいから笑うのではありません。笑っているからうれしくなり、楽しいことが起きるのです。うそでもいいので、まず笑顔をつくってください。それが、家族や友人など周りの人々を楽しく幸せにします。

逆にあなたが暗く悲しい顔をしていたら、周りの人々はそれを見てどう感じるのか、想像してみてください。笑顔が周りの人々を楽しく幸せにするように、暗さ、悲しさも周りの人々に伝播《でんぱ》します。

平安時代の僧侶である最澄《さいちょう》は、「一燈照隅万燈照国《いっとうしょうぐうばんとうしょうこく》」という言葉を残しています。一隅を照らす光がたくさん集まれば、国全体を照らして明るくできるという意味です。

真心を込めて、常に笑顔でいるようにしましょう。あなたが元気で明るくしていれば、周りの人々も元気で明るくできるのです。

また、年を取ってくるとどうしても頑固になり、素直さが失われていくものです。そうならないように自ら意識して、常に素直な気持ちを持ち続けるように留意しましょう。頑固者ほど呆けるリスクが高まると言われています。自分自身の頭の健康を維持するためにも、素直な気持ちを持ち続けたいものです。

それとともに、自分の中の既成観念を取り払う努力も必要です。長年生きていると経験は豊富になりますが、同時に自分の限界が見えてくるため、「これはできない」、「あれは無理だ」などと言うようになり、自分への既成観念から逃れられなくなります。チャレンジができなくなるのです。

どう頑張ってもあと30年そこそこしか生きられないのですから、消極的にならずに積極的に生きたほうがよいでしょう。「失敗したら恥ずかしい」などという気持ちも、この際だから捨ててしまいましょう。変なプライドは持たないに越したことはありません。

もちろん、体の衰えとともに行動範囲が狭まり、精神的にも消極的になってしまうのはわかります。だからといって現状に甘んじてはいけません。意識して積極的な行動を取るように心がけてください。

ソニーの創業者の盛田昭夫氏は60歳でスキーを、65歳でウインドサーフィン、67歳でスキューバダイビングに挑戦しました。

かなり極端な例かもしれませんが、プロスキーヤーの三浦雄一郎氏は70歳、80歳になってもエベレスト登頂にチャレンジし続けていらっしゃいます。

「それは盛田さんや三浦さんだからできることなんだよ」などと言ってはいけません。皆、等しく人間です。要は気持ちの持ちようですから、彼らのような意志の強さ、明るく元気で素直な心を持って、とにかくアクションを起こしてみてください。案外、彼らのような生き方ができるかもしれません。

失敗を恐れてはいけません。「失敗は成功の母」なのです。発明王と言われたエジソンは、失敗について「私は失敗したことはない。1万回のうまくいかない方法を見つけたのだ」と言っています。

失敗するたびに失敗の原因を発見できるので、その分だけ一歩ずつ成功に近づくことができます。1回の成功のために、1万回もの失敗があるのです。非常に楽観的な考え方ですが、前述したように明・元・素を持っている人間は、失敗も必要な経験だと思うことができ、年を取ってからもチャレンジをし続けられるのです。

年を取ることで良いこともあります。それは他人と比較され、競争する必要がなくなることです。

自分のやりたいことをやる

今までは、この会社に負けたくない、あいつには負けたくないということで、小学校、中学校、高校、大学と常に誰かと競争し、社会に出てからはライバル社との競争だけではなく、社内でもほかの社員と比較される中で生きてきたと思います。

自分のほうがあいつより成績が良い、あいつより良い高校や大学に行った、あいつより良い会社に入った、出世したなど、すべてが他人との比較です。

企業同士でも、あの会社より儲かっている、株価が高いなど常に比較してばかりです。

第2章で、医師である私の友人のことを話しました。がん患者が亡くなる直前、多くの人は「自分の人生は一体なんだったのか」と嘆くそうです。漫然と日々を過ごしてしまったからでもありますが、それだけではなく、常に他者と比較され、競争することを余儀なくされた結果、確たる自分というものが持てなかったからではないでしょうか。

でも60歳を過ぎれば、もう他人と比較する必要はどこにもありませんし、自分は自分であるという存在を自覚して生きていける自由があります。

人生は旅です。魂を磨くためにこの人生を生きているのです。せっかく魂磨《たまみが》きの旅に出たのですから、たくさんの経験を積まなければ、もったいないと思います。

若者の旅、中年の旅、老年の旅というように、年代ごとに合った旅の在り方があります。その長旅の末に人は天に召されます。それはたくさんの経験をした人間の魂が、また次の人生の準備をするために、いったん天に帰るのではないでしょうか。

私はお坊さんでもなんでもありませんが、昔から宗教家の著書を読んだり、僧侶から説法を聞いたりするのが好きで、魂の話を聞きかじった末、このようなことを考えるようになった次第です。


60歳を過ぎた方は今すぐにアクションを起こしてください。そして間もなく60歳になる方は、定年後、自分はどのように生きるかということを真剣に考えるべき時期に来ているということを認識して、定年までの日々を有意義に過ごしてください。

何よりも、他人と比較されることがなくなるのですから、自分のやりたいことを、思い切ってやればよいのです。

最後の5年間を幸せに生きる

「人生の最後の5年間が幸せであれば、人は幸せな人生だったと思える」と言われます。どれだけ苦労したとしても、あるいは貧しかったとしても、人生の最後の5年間を自分自身が幸せだと思って暮らすことができれば、亡くなる直前、自分の人生は幸せだったと思えるそうです。

逆に、どれだけ出世したとしても、あるいは大金持ちになれたとしても、最後の5年間が不幸になってしまうと、人は結局、「自分の人生は少しも幸せではなかった」と思うのでしょう。人生はどうなるかわかりません。順風満帆の人生を送ってきた人が、最後の最後になって不幸のどん底にたたき落とされるというケースは、いくらでもあります。この本を読んでいらっしゃる皆さんには、いつ来るかわからないけれども、人生最後の5年間を幸せなものにしていただきたいと思います。

そのためには失敗を恐れず、他人と比べず、今日という1日を大切にして、自分自身の人生を思い切り生きてください。そうすれば、どこで死が訪れたとしても、自分の人生に満足して旅立てるはずです。

人生とは、神様から与えられた時間であり、魂を成長させるため、その与えられた時間の中で何をなすべきかという課題に挑戦し続けるものです。そして命には限りがあります。その人生を有意義に生きるためには、これまで何度も申し上げているように「余命3カ月の発想」をもって、1日1日を本気で生き抜くべきです。

なにしろ「人生は一度」しかなく、「人は必ず死ぬ」生き物であるのと同時に「人間はいつ死ぬかわからない」からです。

1日の中で通勤時間と仕事の時間を合わせれば、おそらく24時間のうち10〜11時間が「仕事」に拘束されます。睡眠時間などを除いたら、自分の自由にできる時間は、ほんの数時間程度でしょう。その他、家事や育児なども含めれば、自分の時間はゼロに近くなるかもしれません。

でも定年後の時間は、そのほとんどを自分のために使えます。それは非常に贅沢《ぜいたく》なことでもあります。同時に漫然と時間を過ごしてしまうと、自分は何のために生きているのかを見失ってしまうおそれもあります。そうならないようにするためにも、最期の瞬間から逆算して、30年ないし40年という時間をどう生きるのかについて考えれば、充実した人生を送ることができるはずです。

本章の最後に、有意義な人生を送るために私が実践している五つのことを紹介いたします。

1・楽しく生きる

自分に正直に、好きなことをやって生きること。嫌なこと、我慢しなければならないことはいっさいやらないようにしましょう。

2・笑って生きる

どのようなことがあっても笑って生きること。楽しいから笑顔になるのではなく、笑顔でいるから楽しいことがあるのです。

3・感謝する

病気にかかったりけがをしたりしても、あるいは失業してしまったとしても、常に感謝すること。「なぜ、こんなことになってしまったんだ」と考えるのではなく、「足のけがだけで済んでよかった」と、物事の良い面に目を向けて感謝するということです。

ちなみに私は脳梗塞になり、いささか体の動きが不自由になりましたが、「命があってよかった」、「頭はしっかりしていてよかった」と感謝しました。

死んだわけではない、死ぬこと以外かすり傷だという気持ちを持ち、こういった苦難に直面したことによって、何かの気づきが与えられたと感謝することが大切です。

どれだけ逆境だとしても「我に七難八苦を与えたまえ」という気持ちを持つようにしましょう。

4・他人を喜ばせる

人間の生きた証《あかし》は、名誉でも地位でもお金でもなく、どれだけ「あなたに出会えてよかった」と言ってもらえるか、「ありがとう」と言ってもらえるかということに尽きます。

5・今日という1日を無駄にしない

今日という1日は、「清算」と「生産」でできていますから、過去の清算をできるだけ小さくして、明日の生産を大きくするようにしましょう。そのためには、今日という日を一生懸命生きることが肝心です。

以上の五つをしっかり実践して生きていれば、皆さんも必ず充実した人生が送れるはずです。

第6章

私の使命感

教育の大切さ

この章では、私の使命感についてお話しさせていただきます。

私は、教育こそがこの世の中でもっとも大切であり、教育がすべてのはじまりであると考えています。政治、経済、社会、文化、芸術など、ありとあらゆることの根幹には必ず教育があります。


人間は皆、生まれたときは平等です。

しかし、生まれた国がどういう価値観を持っている国なのか、あるいはどういう親のもとに生まれ、その家庭でどのような教育を受けるかによって、その人の人生は大きく違っていきます。同じ人間でも、中国で教育を受けるのとアメリカで教育を受けるのとでは、まったく違う価値観を持った人間に育つはずです。

それは各国固有の歴史や文化、考え方などを背景にして教育が行われるからであり、その国の教育を受けた人間は、その国の考え方に基づいた行動を取るようになるからです。

しばしば歴史認識の違いが国際問題に発展するケースがあります。これなどはまさに典型例といってもよいでしょう。事実は一つなのに、それぞれの国は自国の利益を最優先しますから、国民が自国をおとしめる思想を持つような教育は行いません。生まれたときは皆、同じようにまっさらな赤ちゃんなのに、教育はその在り方次第で、国民の思想や行動様式をいくらでも変えてしまうことができるのです。

言い方は悪いのですが、教育はある意味、国民を最初に洗脳するためのプロセスといってもよいのかもしれません。それだけに、教育は国の根幹をなすものです。これが崩れてしまうと、国のありとあらゆる部分にゆがみが生じてしまいます。

前述したように私はカンボジアの教育制度を立て直すための活動に携わっています。カンボジア経済がなかなか発展しないのは、ポル・ポト政権時代の弾圧で、教育者をはじめとする知識人が皆、非業の死を遂げてしまったからです。未来を担う子どもたちに教育を施せる人がほとんどいないのですから、経済発展どころの話ではないのは自明です。

現在の新潟県長岡市はかつて長岡藩でしたが、この藩には「米百俵」の教えがあります。これは幕末から明治初期にかけて活躍した長岡藩士、小林虎三郎《こばやしとらさぶろう》がとった藩政に基づいた話です。

戊辰《ぼしん》戦争の一つである北越《ほくえつ》戦争で負けた長岡藩は、石高を7万4000石から2万4000石に減らされたことによって、深刻な財政危機におちいりました。藩士たちはその日の食べるものにも困る状況だったそうです。

この窮状を見た三根山《みねやま》藩は、長岡藩を助けるために百俵の米を長岡藩に送りました。長岡藩士は、これで一息つけると喜んだのですが、長岡藩で大参事という官職にあった小林虎三郎は、送られてきた米を藩士に与えず、すべて売却して学校を設立する費用にしたそうです。

このとき、小林虎三郎は、「米百俵を元にして学校を建てることが、長岡藩を立て直す一番確かな道だ」と説いたのです。「藩士全員に分配したら、一人あたりいくらにもならない。この百俵の米を食べてしまえば、それで終わりだ。今の自分たちの藩の窮状は、教育がしっかりしていなかったことにそもそもの原因があるのだから、教育によって藩を立て直す人材を育てることが必要だ」と主張し、「国漢学校」を設立しました。

ここに長岡藩の近代教育の基礎が築かれ、後年、大日本帝国憲法の起草に尽力した法学博士の渡邊廉吉《れんきち》、日本人初の解剖学教授で人類学者の小金井良精《よしきよ》、東京帝国大学総長の政治学者の小野塚喜平次、司法大臣の小原直《なおし》、明治の代表的な洋画家の小山正太郎、外交官で漢学者の堀口九萬一《くまいち》とその子で仏文学者で詩人の堀口大学、連合艦隊司令長官の山本五十六ら、近代日本の発展に貢献した人材が数多く輩出されたのです。

教育は人をつくります。日本は今、超高齢社会と少子化の同時進行によって人口が減少しており、2010年には1億2806万人だった総人口が、2060年には8674万人まで減少すると見られています。これまでどの国も経験したことがない、急速な人口減少社会において日本が国力を維持していくためには、政治や官僚、実業界のあらゆるところで、優秀な人材を必要としています。

しかし今の日本の教育制度は、戦後の高度経済成長期を支えたものがそのまま使い続けられています。もはや今の日本は、人口がどんどん増えて、二桁成長するような状況ではありません。したがって教育制度も、時代に合ったものにつくり替えていく必要があります。だからこそ私は、これからの余生を教育制度の改善に費やしたいと考えているのです。

自己中心主義がまん延する世の中

今の世の中は、ミーイズムがまん延しているように見えます。ミーイズムとは、自分さえよければいい、自分の家さえよければいい、自分の会社や国さえよければいいというように、自分の幸せや満足感だけを追求し、他にはいっさい関心を払わない考え方で、別の言い方をすれば「自己中心主義」のことです。

さらに言えば、「将来のことなんてどうでもいい。今さえよければいい」という刹那《せつな》主義もまん延しています。

自分が置かれている今の状況のことしか考えず、相手の状況、未来の状況に対する配慮が欠落しているようにしか思えません。この状況を変えていくためには、やはり教育しかないと思います。

地球は今、悲鳴を上げています。温暖化が進み、ＰＭ２・５が大気中にばらまかれ、マイクロプラスチックが深刻な海洋汚染を引き起こしています。空気にも水にも国境はありません。自国内でどれだけさまざまな環境対策を講じたとしても、近隣諸国から汚染された空気や水が流れてくれれば、ＰＭ２・５でぜんそくやアレルギーになります。実際、九州ではは中国からのＰＭ２・５や黄砂の影響を受けて、健康被害や市民生活への影響が懸念されています。

また、食物連鎖という観点でいうと、たとえばマイクロプラスチックを食べた魚を私たちが食べてしまえば、これも健康に何かしら悪影響を及ぼすおそれがあります。

空や海に国境はなく、世界中でつながっています。空気や水は地球人類の共通資本といってもよいでしょう。したがって国ではなく地球という単位で考えなければ、解決できない問題が多くあります。だからこそ国益ではなく、地球益という考え方によって広く物事を見る必要があるのです。

しかしながら、世界のリーダーであるべきアメリカは今、自国第一主義を掲げ、すべての政治的な判断が「自分の国さえよければいい」と言っているかのように見えます。地球温暖化を防止するための枠組みであるパリ協定は、世界中の国々が温室効果ガスの削減や吸収の対策に取り組むために批准されたものですが、２０１９年11月にドナルド・トランプ大統領は正式に離脱を表明しました。環境に関しては、もっとも地球益が大切にされるべきものなのに、アメリカはそこから目を背け、自分の国のことしか見なくなってしまったのです。

一方、中国は国家資本主義のもと、開発途上国を中心とした国々に対して莫大《ばくだい》な資金力を使い、「一帯一路《いったいいちろ》戦略」を推し進めています。中国はもっぱら他国に対する政治的な影響力や利権を広げていくことばかりに注力しており、PM2・5などの有害物質を大量にばらまいているにもかかわらず、国内の環境問題や健康問題は置き去りにしたままです。

またSARS《サーズ》やCOVID-19などの新型感染症は、中国の野生動物をキャリアとして世界中に広がったと言われています。もし衛生教育がきちんとなされていれば、野生動物から人に感染するようなことはなく、感染が世界中に広がるようなことも避けられたのではないかと思います。

「今さえよければいい」「自分の国さえよければいい」という考え方が、いつの間にかあまりにも強くなり過ぎたことによって、私たち人類が一番大事にしなければならないはずの地球環境問題を長年にわたって放置してしまったのです。このことが、地球温暖化や有害物質、感染症の地球規模の拡大といった諸問題の元凶になっているのではないでしょうか。

また、これは企業経営にも一脈通じるところがあると思います。「今さえよければいい」「自分の会社さえよければいい」という狭い考え方しかできない経営者によって経営されている会社は、不祥事を引き起こすおそれがあります。

地球に住む人類一人ひとりが自己中心主義を改め、広い観点から物事を見られるようになれば、世界が抱えている問題の多くが解決すると思います。そして、自己中心主義を改めるためにも、やはり教育が重要な役割を担うのです。

日本が見習うべき二つの国の教育制度

このように物事を広く見なければならない時代が来ているわけです。それにもかかわらず、そのような時代に適応できる人材は、この日本に育っているのでしょうか。

これまでの日本の学校教育は、教科書や板書によって先生が一方的に生徒に教え、生徒は先生が言ったことや板書したことをノートに書き留め、それを丸暗記してテストに臨むというやり方でした。確かに、高度経済成長期においては工場労働者が中心でしたから、個々人の能力を画一的にボトムアップできるような教育制度が合っていたのは事実です。

しかし、この教育制度がこれからの時代にも合うものなのかと問われれば、おそらくその答えはノーでしょう。

たとえば、どれだけ教科書や辞書、参考書を読んで暗記をしたとしても、1台のスマートフォンのほうがはるかに正しい記憶力で、圧倒的な情報量を持っています。それに人間がかなうはずはありません。これからの時代は、暗記力などほとんど求められないのです。その代わり、スマートフォンを通じて得られる情報を使いこなすスキルが重要になってきます。つまり情報を取捨選択し、自分の頭で問題を見つけて解決できる人材を育てていく必要があります。

そうなると、教育現場での教え方も大きく変わっていきます。先生が生徒に教える教育ではなく、生徒自らが「学ぶ」、そして先生は生徒が学ぶ手伝いをするというように、生徒が主体となる教育システムに切り替えていかなければならないのです。これは日本の教育制度にとって、大きな転換点といってもよいでしょう。まさに今、日本の教育制度はそういう時期に来ているのです。

日本の教育制度を見直していくうえで参考になる事例を二つ、ここで紹介しておきたいと思います。

一つ目はデンマークの事例です。

デンマークの学校では、日本のような定期テストはなく、したがって通知表で子どもたちを評価しません。また夏休みの宿題もいっさいありません。ご存じの方も多いと思いますが、デンマークは国民の幸福度が高く、個人の生産性も高いことで知られています。

いくつかの観点から日本とデンマークを比べてみましょう。

まず国連が発表した2020年の幸福度ランキングによると、デンマークはフィンランドに次ぐ世界第2位で、それに対して日本は62位でした。

公益財団法人日本生産性本部が発表している2018年の、「労働生産性の国際比較」によると、OECD加盟国36カ国のうち、デンマークは9位、日本は18位。そして時間当たりの労働生産性を見るとデンマークは5位、日本は21位ということで、ことごとく日本は後塵《こうじん》を拝しています。

デンマークの教育に対する考え方は、近代ヨーロッパにおけるデンマークの教育者で政治家だったN・F・S・グルントヴィが提唱した教育理念を基にしています。学校では他人を尊重することの大切さを教えるとともに、子どもの自由な考え方や自己決定を大切にして、興味や関心があることを集中的に学べるような環境をつくり、遊びを通して他人との関係や協力の仕方、ルールの大切さなどの社会性を育《はぐく》みます。また子どもたちの評価は結果よりも、そこに至るまでの過程でどれだけ努力したのかを重視します。定期テストや成績表によって他人と比較・競争させるのではなく、個を大切にする教育に徹しているため、日本のように過剰な競争社会にはなりません。そのため、「自分さえよければいい」という考えが広まりにくい社会になっています。

就業者一人あたり労働生産性について見ると、デンマークは11万1393ドル、日本は8万1258ドルで、ここでも大きな差がついています。ちなみにOECDの平均的な労働生産性は9万8921ドルですから、日本のそれはOECD平均さえも下回っています。

さらに大きな問題なのは幸福度の違いです。日本だって経済的には非常に豊かな国なのに、国民の幸福度が非常に低い水準にあります。デンマークの世界2位に対して、日本のそれは62位。これは、日本人の自己肯定感の低さを物語っています。日本の学生は、ほかの国々の学生に比べて、きわめて自己肯定感が低いという調査結果も出ています。こうした自己肯定感の低さは、ひとえに日本の教育に問題があるからだと思います。

もう一つの事例はイスラエル、特にその人口の大半を占めているユダヤ人です。ユダヤ人の学生は、講義の最中でもどんどん質問をしてくるそうです。

ユダヤ人には、いわゆる「教育ママ」が多く、その家庭教育の影響で、授業中に質問をする学生が多いと言われます。日本の教育ママは小学校の低学年から子どもを進学塾に通わせて、暗記型の詰め込み式勉強に専念させるのに対して、ユダヤの教育ママは「それはなぜ?」、「なぜか考えてごらん」といった質問を投げかけて、子どもが小さなときから自分で考える力を養う教育に力を注ぐのです。

「なぜ」という教育を受けてきたユダヤ人は、答えが決まっている問題よりも、自分なりに答えを導き出すような問題のほうが得意だそうです。研究分野で優秀な人材を輩出し、移民を含めたユダヤ人が他の国に比べてノーベル賞の授賞者が断トツに多いのは、そういった教育があるからだと思います。

日本もユダヤ人のように、問題の解き方、つまりＨｏｗを学ぶのではなく、Ｗｈｙ（なぜ）を自ら考えて、答えがない問題を解くことができるような教育が必要です。

教育界にまん延する「目的と手段」の履き違え

特に、これから加速すると思われるＡＩ時代に求められる能力は、創造力、クリエイティビティです。おそらく今の日本の教育制度では、子どもたちのクリエイティビティを高めるのは難しいでしょう。時代の変化に応じて、教育を見直す必要があります。そのためには教育制度を根本から見直すのと同時に、教師や両親の教育に対する認識を変えなければなりません。

日本の場合、子どもの教育といえば「良い学校」に入れるため、とにかく偏差値を上げることだけを目的とした、詰め込み型の勉強が主体でした。

しかし、そのような勉強に何か意味はあるのでしょうか。本来、勉強とは自分で何かやりたいことが見つかり、それを自分の仕事にするために必要なスキルなどを身につけるためにあります。

「医者になって無医村に行き、病院がなくて困っている人たちを助けたい」、「世界の貧困地域に行って医療の発展に寄与したい」という思いがあるから、医学部に行くのです。

「検事になって巨悪と戦いたい」「弁護士になって助けたい人が大勢いる」という思いがあるから、法学部に入るのです。

それも、せっかく医師や弁護士、検事になるなら優秀でありたいと誰もが願いますから、必死になって勉強をし、成績優秀者が集まって学ぶ医学部や法学部に入って、切磋琢磨《せっさたくま》しようとするのです。

つまり良い大学に行くのは目的ではなく、あくまでも将来、自分が世の中の役に立つ仕事をするための手段に過ぎないということです。

ところが今の日本の教師や親は、子どもがなんの仕事に就きたいと考えているのかは二の次です。とにかく偏差値の高い一流大学に入れてしまいさえすれば、就職先は山のようにあるし、子どもがなんの仕事に就きたいのかは、大学に入って就職活動をスタートさせるまでの間に決めればよいという程度にしか考えていません。完全に目的と手段を履《は》き違えているのです。

こうした目的と手段を履き違える弊害は、ビジネスの世界にも表れています。

私のところにはよく起業家が「出資をしてほしい」と申し出てくるのですが、「どうして出資してほしいのか」と聞くと、「ＩＰＯ（上場）したいからです」と言うのです。「では、なぜＩＰＯしたいのか」と聞くと、それに対する具体的な理由、目的は一つもなく、「ただ単に上場したいから」という答えしか返ってきません。

私はそのような人は「すぐ帰るように」と諭しています。株式の上場は「目的」ではありません。本来は、何か大きなことを成し遂げるための「手段」として上場があるはずです。「このプロジェクトを実行するためには莫大な資金が必要だ。この資金を銀行からの借り入れだけでは賄《まかな》い切れない。だから株式を上場させて資本市場から資金を調達する」というように、株式の上場は企業が事業を遂行するために必要な資金を調達するための一手段に過ぎないのです。

そうであるにもかかわらず、最近の若い経営者の中には、株式を上場して「上場企業の経営者」を気取りたいのか、上場が目的化しているケースが非常に多いのです。

このように、本来の目的を見失って、本末転倒になっていることが世の中にはたくさんあります。

前にも述べましたが、企業は社会に貢献することが目的です。その結果、利益を得るのが本来あるべき姿なのに、利益が目的になってしまって社員を道具に使ったり、商品やサービスをコストカットに利用したりするようなことが起きてきます。

世界の多くの問題は、「自分だけがよければいい」、「今だけがよければいい」という考え方がはびこった結果、引き起こされています。それとともに目的と手段を履き違えていることもまた原因の一つだと思います。

そういったことを考えると、今の教育を抜本的に変えていかない限り、この問題は解決できません。教育を変えていくことが世界の多くの問題を解決し、人類の未来を変えることにつながっていくはずなのです。


いささか話が横道にそれてしまいましたが、目的と手段を履き違えている今の日本の教育の在り方は、もはや今の時代にマッチしていません。このような教育を強いられた子どもたちにとっても迷惑なだけでしょう。

これからの時代は、高度化したＡＩがどんどん入ってきて、かつては人間が行っていた作業を、ロボットが行うようになります。その結果、人々は単純作業に従事しなくても済むようになります。同時に人間にしかできない仕事とは何かを考えて、それを新たにつくり出していく必要があります。まさにクリエイティビティが問われるようになるのです。

日本の未来を担う子どもたちは、そういう時代を生きていかなければなりませんから、まさに今こそ教育を抜本的に見直す必要があるのです。

では、何をするべきなのでしょうか。日本の教育制度を見直すうえで、デンマークやイスラエルの教育が参考になるのではないかということについては、すでに述べた通りですが、もう少し身近な方法があります。それは子どもに偉人伝や歴史の本を読ませることです。これは家庭でも十分にできることです。

偉人伝や歴史の本は、それを読んだ子どもたちが世界を知り、将来の夢を描くきっかけになります。

たとえば、エジソンの本を読んで発明家になりたいと思ったり、北里柴三郎の本を読んで医学の研究者になりたいと思ったりする子どももいるでしょう。たくさんの本を読むことで未来の夢が広がり、その夢が志に変わっていくような教育が、これからの日本には必要です。

夢は非常にもろく、儚《はかな》いものです。単なる願望に過ぎないので、あきらめることも簡単です。

でも、志は違います。志は強い動機をともなったものです。それを実現することによって世のため、人のためになります。もっと言えば、その志の実現に向けて努力をしたにもかかわらず、自分の力では実現できなかったとしても、後に続く者が必ず現れます。志は人から人へ、時代から時代へと引き継がれていくものなのです。

プロジェクト学習を取り入れよう

このように、今の日本は抜本的に教育制度を見直さなければ、子どもたちに明るい未来はないと思います。

しかし、どれだけ教育制度を変えたとしても、肝心の両親が「良い学校」に入れることを目的とし、無事に入学できるようにするために、塾通いばかりをさせていたら、いつまでたっても教育は変わりません。この先10年、20年にわたって、時代遅れの教育制度が続いていくことになります。

あるいは教師も、今までのように単に「教える」という指導方法のままでは限界があるので、教えるだけではなく、学ばせることに重点を置いた指導ができなければいけません。

このように、両親と教師の意識改革を行うための第一歩は、プロジェクト学習を取り入れることです。

プロジェクト学習とは、いろいろな問題に生徒がチームで取り組み、それを解いていくという学習方法です。プロジェクト学習を取り入れることによって、子どもたちが自ら「Ｗｈｙ（なぜ、どうして）」を考える力がついていきます。

たとえば、私が設立した公益財団法人ＣＩＥＳＦで運営しているカンボジアの学校では、桃太郎のお話を教材にして、日本の学校での教え方とは異なる取り組みをしています。

日本の学校だと、桃太郎がキジやサル、犬などを家来にして鬼退治をした、という話を読むだけで完結してしまいます。ところが、この学校では、鬼退治をする以外の解決方法はなかったのか、ということを皆で考え、話し合う授業をしています。教科書に載っている話や、教えてもらったことをうのみにせず、常に疑問を持って、皆で考えながら進めていくスタイルの授業なのです。昔ながらの授業を受けた私たちには信じられないものですが、これから生きていく子どもたちには、こういう授業こそが必要になってくるのだと思います。

先日、現代の医師が幕末にタイムスリップして活躍する漫画『ＪＩＮ-仁-』のドラマ版が編集されて再放送されましたが、孫の学校では「ＪＩＮのドラマを見てレポートを出しなさい」という課題が出されたそうです。

このレポートを書くためには、ただ単にドラマを見るのではなく、昔と現代の医学について調べたり、勝海舟や坂本竜馬など明治維新の時代に生きた人々の考え方や歴史を学んだりすることも必要になってきます。

また、現代と幕末という二つの時代を結ぶタイムスリップの物語ですから、ひょっとするとアインシュタインの相対性理論を学ぶきっかけになるかもしれません。

このように、一つの物語を通じて社会や医学、歴史などさまざまなことを学ぶのが、本当の勉強だと思います。これからの勉強は、各科目を教科書通りに学ぶのではなく、さまざまな問題や課題を自分で見つけ出し、自分なりの解決方法を考えることが重要視されるようになるのです。

外から日本の教育を変える

しかし、現実的な視点から考えると、日本の教育制度を根本から変えるには、かなり大変なことも事実です。そこで私は今、外から日本の教育制度を変えようと考え、公益財団法人ＣＩＥＳＦを拠点にして、カンボジアにCIESF Leaders Academy（シーセフ リーダーズ アカデミー：ＣＬＡ）という幼稚部、小学部、中学部の一貫校を２０１６年に設立しました。

第4章で述べたように、カンボジアはポル・ポト政権の支配下で教育者や知識人が虐殺され、4年間にわたって教育制度が破壊され尽くしたため、アセアン諸国の中でももっとも教育が遅れている国の一つといってもよいでしょう。しかし、さまざまな面で遅れているがゆえに、何の制約もなく、良いものは素直に取り入れられる可能性がある国でもあります。

その国の教育大臣と、世界最高の教育を目指そうと話し合って始めたのが、ＣＬＡです。この学校では、日本で考えられている最高の教育をなんの制約もなく取り入れながら、カンボジアのカリキュラムであるクメール語と社会科を教えることで、カンボジアの中学校までを卒業した資格を得ることができます。将来はモデル校として、カンボジアにある６０００～７０００の公立小学校にも横展開していく予定です。

また、ミャンマーやラオスなど他のアセアン諸国でも、各国で活躍していらっしゃる、かつて日本に留学していた方たちと協力して、ＣＬＡをモデル校として横展開していくことを計画しています。

「理想の教育とは何か」という、大勢の教育関係者が問い続けながら、いまだ答えが見つからないことにチャレンジし、理想を求め続ける決意をしました。そこで、日本で私と思いを同じくする先生方や、教育専門家の方々、約20人に集まっていただき、カリキュラム等の研究チームをつくり、この新しい学校での授業に反映させています。

授業は日本語をベースにしています。なぜかというと、言葉はその国の文化、考え方を反映して成り立つものだからです。カンボジアの若者が日本語になじむことによって、これからのビジネスに必要な考え方である「三方良し」、「浮利を追わず」、「和をもって尊しとなす」といったことに対する理解が深まると考えたからです。

CLAは、地球益を目指す志を持ったリーダーを育てる目的で設立しました。地球益を目指すリーダーを育てるのですから、「利他の心」をしっかり教えなければなりません。それとともに他者を受け入れ、お互いを理解し合って多様性を育む教育をしたいと考えています。

グローバルな教育プログラムというと英語で行われるのが一般的です。教育ツールの一つとして英語を学ぶことは必要だと思いますが、物事を考える基礎となる言語としては採用していません。

なぜかというと、英語は、「I（私は）」という主語が必要な言語だからです。

私は言語学者ではないので、あくまでも私見に過ぎませんが、英語はいつも「自分が」中心にあり、話す相手や聞き手を主体とする日本語とは、他者とコミュニケーションを取る際のスタンスが違うと考えています。日本語は相手がいることを前提に文章が組み立てられる言語ですから、話の途中でも相手の気持ちを意識しながら、ニュアンスを変えて伝える繊細さを持っています。

また、自宅で朝食や夕食ができたとき、「ごはんができましたよ」といって家族を食堂に呼ぶ風景が、どの家庭でも見られると思います。この言葉には、野菜を育ててくれた農家の方々や、魚を捕ってくれた漁師の方々をはじめ、野菜を育ててくれた大地や、魚が泳ぐ海、そしてこれらに降り注ぐ太陽があって初めて「ごはん」を料理できるという前提があります。

「ごはんは私がつくるもの」ではなく、「皆が力を合わせてできるもの」なのです。

このように、言葉の奥にある万物に感謝する気持ちを、子どもたちには、ぜひ理解してもらいたいと思います。

日本には「八百万《やおよろず》の神《かみ》」という考え方があります。万物にはすべて神が宿っているので、すべてのものに感謝しなさいという考え方です。

日本人は多くが無宗教だといわれます。そのせいか多くの日本人は、お正月や七五三は神社に詣《もう》で、神道式でお祝いしますが、クリスマスや結婚式はキリスト教式でお祝いし、亡くなったときは仏教式でお葬式をします。おそらく敬虔《けいけん》なキリスト教徒やイスラム教徒の人たちから見たら、信じられないような宗教観を持った国に見えるでしょう。ある意味、宗教について寛容な国だから、現代の日本では決して宗教戦争は起こらないと思います。

対して一神教の国では、自分の神様しか認めようとしないため、他の神様を信じる人たちを排除しようとします。そのため世界では長い期間にわたって、宗教の違いが戦争の原因の一つとなってきました。

これからの世界は、もう国益や宗教で争うのではなく、ともに地球益を目指さなくてはいけません。個人的にはどの宗教を信じてもよいと思いますが、すべてのものには神が宿っているので大切にして感謝しなければいけない、という八百万の神の考え方を理解し、受け入れることが必要だと思います。

ＣＬＡは、日本の教育界における岩盤規制に縛られることなく、理想の教育を追い求め、30年後、40年後のリーダーたちを育てていきます。そしてこの学校をモデルとして世界に広め、多くの国の教育制度を変えていけば、世界を変えることもできると信じています。今の日本の教育制度に文句を言っても、岩盤規制がある以上、根本から変えるのは難しいですし、長年続けてきたことを中から変えていくのは至難の業です。

しかし、日本人は外の良いものを取り入れて自分のものに変えていくのは非常にうまいので、カンボジアをはじめとする海外で「理想の教育モデル」が広まり、それがうまくいくことがわかれば、日本の教育制度もおのずと変えていけるはずです。イソップ寓話《ぐうわ》の一つである「北風と太陽」の話のように、無理やり力で服を脱がすことはできません。自らが服を脱ぎたくなるような方法で変えていくことが必要なのです。

力技で無理やり変えていこうとすると、禍根《かこん》を残すおそれがあります。でも自らの意思で変わろうとする方向に導いていけば、変化した方も外部からの圧力で無理やり変わらされたのではなく、自分で望んで変わったと思うはずです。

未来の安心のために教育を変える

私たちが本当にやらねばならないのは、子どもや孫の時代に対する責任としての社会貢献です。今まで自分が生きてきた道において、人間はどう生きるべきかを考える中で、私が最後にたどり着いた答えが新しい教育の形をつくり、それを世の中に残し、未来の子どもたちに使ってもらう、ということです。

それが子どもや孫、さらにもっと先の時代の子孫たちが、この地球で安心して暮らしていけるように世の中を変えていく、唯一の方法ではないでしょうか。

私のこれからの人生は、世界の教育を変えることにすべてを懸けていきたいと思います。もし、この私の考えにご賛同いただける方がいらっしゃったら、私とともにぜひ、この活動に参加していただけたらと思います。

人間にはいろいろな生き方があると思います。私も66歳になるまで、より良い社会を実現するために、情報通信の世界において「新しいあたりまえ」をつくるべく、全力で戦ってまいりました。それは「仕事人」として私に課せられた使命です。

しかし、同時に「一人間」としてどう生きるべきかを考えたとき、その答えは、「ありがとう」の数をできるだけたくさん積み上げていく生き方が大切だということでした。

皆さんには、人生100年の時代に後悔のない素晴らしい人生を送っていただきたいと思います。定年までの第一の人生は、お金や地位を得るために一生懸命に働いていくと思います。でも定年後の第二の人生まで同じような生き方を続ける必要はありません。これから先は、自分の中に蓄積してきた知識や経験を、社会や次世代のために使って生きていくことが、皆さんにとって生きがいになるはずです。

後悔のない生き方を始めるのは、今からでも十分間に合うと思います。この本が、その一助になれば幸いです。

第7章

充実した人生を生きる人々

「利他の心」そのものの生き方

最高の人生を生きるために、第二の人生をどう生きるべきかについて話をしてきました。本章がいよいよ最終章になります。そこで、第二の人生をいきいきと生きていらっしゃる方々について紹介したいと思います。

スーパーボランティアの尾畠春夫氏については、皆さんもテレビのニュースなどでご存じだと思います。彼は2004年の新潟県中越地震を皮切りに、東日本大震災、熊本地震、西日本豪雨など多くの被災地でボランティア活動をなさっています。65歳から本格的にボランティア活動を始めた彼は1939年生まれですから、今はもう80歳を超えていらっしゃるのに、災害などで困っている方がいれば、日本全国どこへでも飛んでいき支援をされています。

九州大分県杵築《きつき》市の下駄職人の家に、7人兄弟の4番目として生まれましたが、母は尾畠氏が小学校5年生のときに他界。生活はかなり厳しかったらしく、小学5年生で農家に奉公に出されました。

その後、中学を卒業するのと同時に別府市内の鮮魚店の下働きになり、下関や神戸で魚屋の修業をしました。そして1968年、29歳のときに別府市内に鮮魚店を開業しました。

この間、ひたすら働きづめだったそうです。彼は15歳のとき、「50年働く。そして、65歳になったらやりたいことをしよう」と決めていました。そして65歳の誕生日を迎えたとき、自分のお店を畳み、徒歩で日本を縦断することに挑戦。この年からボランティア活動を開始して、その後の活躍については冒頭で触れた通りです。

彼がボランティア活動に目覚めたのは、2人の子どもと5人の孫に恵まれてこれまで働いてこられたのは、お客さんや周りの人たちの支えがあったからだということに気づいたからだそうです。どのような形で恩を返そうかと考えたとき、第二の人生をボランティア活動に捧げようと決意されたのです。

尾畠氏の好きな言葉は、「かけた情けは水に流せ。受けた恩は石に刻め」だそうです。いただいた恩をお返しするのは、あたりまえ。でも、自分が他人にかけた情けについては、きれいさっぱり忘れること。それが人の仁義だという信念をお持ちです。

東日本大震災のときは、南三陸でがれきの中から写真など思い出の品を見つけ、被災者に返す「思い出探し隊」の一員として、約500日間のボランティア活動に従事されました。それまでは、お酒を浴びるほど飲むタイプでしたが、東日本大震災のボランティアを行ったときから、お酒をやめたそうです。

そのきっかけは、南三陸の避難所であるベイサイドアリーナで彼が見た光景でした。その避難所には1800人もの避難者がいて、ぎゅうぎゅう詰めで身動きできない状態だったにもかかわらず、誰一人として文句を言わなかったそうです。

同じ日本人として、これだけつらい思いをしても文句を言わず、ただひたすらじっと我慢している人が大勢いることに気がついたら、もうお酒を飲んでいる場合ではないと思ったということでした。

ただ、お酒を完全に断ったわけではなく、中断しているだけで、東北3県の仮設住宅がすべて取り除かれたときに解禁することを決めているそうです。

彼はボランティアに行くとき、被災地に負担をかけることがないよう、事前に自分が食べる分の食料を買い込み、軽ワゴン車の後部座席で寝泊まりします。被災地のどんな環境でも寝られるようにするため、普段からゴザの上で寝るようにしているそうです。

真夏の被災地に行っても、「暑い」などという言葉は絶対に言いません。

もし自分が被災者だとしたら、ボランティアの言動についてどう思うだろうかという視点を常に持ち、ボランティア活動をするのではなく、させていただいているという立場を徹底的に貫いていらっしゃいます。

彼の第二の人生の生き方は、地位を得たい、人から評価されたいということではなく、自分の生がある限り人に尽くしたい、人に喜びを与えたいという「利他の心」そのものです。本当に素晴らしい方だと思います。

カンボジアの未来に尽くす

先ほど第4章で少し紹介しましたが、私のやっているCIESF（シーセフ）という公益財団法人では「国境なき教師団」として、カンボジアの教員養成校にボランティアとして、多くの先生に行っていただいております。

基本的には日本で定年退職されたベテランの先生方であり、1~2年の間、カンボジアでそれまで日本の学校教育の現場で培ってこられた経験を生かして、指導していただいています。

カンボジアでの生活は、お世辞にも快適とは言えません。生活していただいている住居にはバスタブがなく、シャワーのみです。学校と住居の移動手段は自転車か徒歩しかありません。ちょっとした買い物をするにしても、クメール語を話せない方が大半なので、言葉が通じないという不便な環境です。それでも未来の教師を目指している若い学生たちに、少しでも良い先生になってもらいたいという思いで、一生懸命、現地の先生の指導をしてくださっています。

カンボジアに赴任するときは、皆さんかなりの不安を抱えていらっしゃいます。まず生活面は、日本とは比べものにならないくらい不便です。生活が始まりすぐ覚えたクメール語は「ダッチ　プルーン（停電）」という先生もいらっしゃいました。そのくらい頻繁に停電が起こります。

停電によって電気が来なくなると、その途端、生活のさまざまなところに支障を来たします。部屋は真っ暗。エアコンが止まるので蒸し風呂状態。冷蔵庫に入れた食品がダメにならないかを心配しながら、テレビがつかない静かな部屋で、ただベッドに横たわりながら「プルーン　モゥ　ヴィン　ハゥイ（復旧）」を待つしかありません。

生活の不便は、頻繁に起こる停電だけではありません。給水タンクへの給水が悪いため、トイレの水が流せなくなったり、シャワーの水量が不足したりします。

それでも水が出ればまだ何とかなりますが、停電と同じように長時間におよぶ断水が頻繁に起こります。

部屋の照明がつかなかったり、ドアや窓の建て付けがおかしくなったりすることも日常茶飯事です。とにかく生活インフラのあらゆる部分でトラブルが次々起こるため、3〜4カ月もすると、こういったトラブルも気にならなくなり、不安な気持ちも解消されるそうです。本当に、皆さんのたくましさには頭が下がる思いです。

私たちが支援している教員養成校では、ロータリークラブなどから寄付していただいた教材や実験道具があります。こうした教材や実験道具の使い方、さらには実験のやり方などを、これまで10年という時間をかけて、日本人の先生たちがカンボジア人の先生たちに伝えて指導してきましたが、それもまた苦労の連続です。

なにしろ現地の小学校や中学校には、教材や実験道具がほとんどないので、学生たちは教員養成校で初めて実物を見ることになります。教員養成校を卒業して学校に赴任する学生たちのために、まず本物の実験のやり方を教えます。そしてダンボールや空き缶など手に入りやすい材料で教材を手づくりする方法を教え、さらにどうすればわかりやすい授業ができるのかを考えたりするなど、日本では到底考えられないような授業の指導も行われています。

しかし、日本から派遣された先生たちは、カンボジア人学生の屈託のない明るい笑顔で一生懸命学ぼうとする姿や、「自分が生まれ育った故郷《いなか》の子どもたちのために知識を広めたい」という、金銭にとらわれない優しい心に触れて、このような過酷な環境の中でも、カンボジアの未来のために尽力してくださっているのです。

国内外で子どもたちを支える教育者たち

岩堀美雪さんと初めて会ったのは、2019年の3月、第1回目のCIESF Leaders Academy（シーセフ　リーダーズ　アカデミー：CLA）支援会議の席上でした。

彼女は、子どもたちの自己肯定感を高める『宝物ファイルプログラム』という素晴らしい自己成長プログラムを2000年に開発し、全国を講演して回っている元小学校の教師でした。突出した行動力の持主で、フランスの心理学者に会いに行って意見交換をしたり、子どもたちと一緒に東日本大震災の復興支援の歌をつくり、福島や東京に子どもたちを連れて行って歌ったりするなど、さまざまな活動を行っています。これと思ったら揺るがない信念をお持ちで、全国に大勢、小学校の先生がいらっしゃる中でも最高の先生だと思いました。

彼女は、この宝物ファイルプログラムを世界に広めて、世界平和に貢献しようと仕事を辞め、54歳で大阪大学大学院に入学して医学、脳科学、心理学を学び、研究を行いながら英語で論文を書いていました。

しかも、在学中に大人版の宝物ファイルプログラムを開発し、58歳のときに一人で会社を立ち上げて、企業に普及活動をしています。この情熱はいったいどこからくるのかと思いました。

2019年は、CLAで幼稚部から3年間育ててきた24人の子どもたちが、初めて小学部に入学する年でした。郊外に新しい校舎が完成し、移転した6月には竣工式《しゅんこうしき》が、9月には小学部初の入学式が予定されていました。ところが、肝心の小学1年生の担任が決まっていなかったのです。条件のハードルが非常に高かったからです。

・「地球益を目指す、志をもったリーダーを育てる」という理念の下で、小学部の基礎を一からつくり上げることのできる人物。

・算数など基本となる授業のほか、リーダーとして必要な心を育てる授業、図工や音楽などアートの授業、そして体育等を、現地の子どもたちが日本語で理解できるように教えられる人物。
・新しいプログラムを遂行できる能力を持った人物。
・アシスタントやクメール語を教える他のカンボジア人の先生をリードし、人柄的にも慕われる人物。

これらの条件を満たす人は、なかなか見つかりませんでした。

熟慮に熟慮を重ねた結果、私は、こうなったら岩堀さんに頼むしかないと思ったのです。

「宝物ファイルプログラム」を広めるために株式会社を起こし、東京に事務所を構えて全国を飛び回るかたわら、大学院の研究論文を執筆していることも知っていましたし、新たに健康関連の事業を始めて、ますます忙しくなっていることも知っていました。

しかし、それらを押して、なお岩堀さんに頼んだのです。

「カンボジアに行ってCLAの小学1年生の子らの担任をしてくれませんか？　3カ月だけでも結構ですから」

岩堀さんは即答で私にこう言いました。

「今すぐにはお返事できません。でも、もし私がCLAに行ってカンボジアの子どもたちの担任になるとしたら、3カ月ではなくて1年行かせていただきます。なぜなら3カ月で担任が変わるというのでは、子どもたちの教育にとって良くないからです」

それから間もなくして、「私でよろしければ1年間、CLAに行って1年生の子どもたちの担任をさせていただきます」という返事をいただきました。

私は大喜びで、CLAの土居学長に1年生の担任が見つかったという電話をしました。

そして、岩堀さんがカンボジアに赴任してから半年が過ぎ、いよいよ後半戦です。

「ここからさらに追い込みますよ！」と話された頃から、コロナ問題が次第に大きくなってきました。これから1年間の集大成を、と意気込んでいたまさにその最中、カンボジアのすべての学校に、即日休校しなさいという政府命令が出たのです。

そこで、これまで経験したことのないオンライン授業に切り替え、そのときはまだあまり知られていなかったZoomを導入し、あっという間にオンライン授業を軌道に乗せたのも岩堀先生でした。パソコンなどの機材は一昔前のもので、Wi-Fi（ワイファイ）などの通信環境は最悪という、厳しい状況であるにもかかわらず、困難から逃げずに立ち向かって、さまざまな問題を克服してしまったのです。

そして帰国してからも長引くコロナ禍による寄付金の大幅な減少に苦しむCLAのため、岩堀先生は一肌脱いでくださいました。これは誰からもお願いされたことではなく、岩堀先生の心の内から湧き出た行動だったのです。

1年間の任期を終えて日本に帰ってきてからも、岩堀さんは支援金集めに奔走してくれています。コロナで経済的に苦しくなったCLAの子どもたちをなんとしても救おうという強い思いから、毎日電話をかけたり、往復約200キロの道を、車を飛ばして人に会いに行ってお願いしてくれたりしています。

岩堀先生は2020年9月に還暦を迎えました。そんな年齢を感じさせないエネルギッシュな行動が、周りの人たちの心に火をつけてくれています。

ほかにも、若者を守り立てるために、定年後の人生を捧げている教育者がいらっしゃいます。

一般社団法人志教育プロジェクト 専務理事・事務局長をなさっている北見俊則氏は、横浜市で中学校教諭を35年間務められていました。最後の赴任校である横浜市立上永谷中学校では校長を務め、優秀教育実践校として表彰されています。

２０１７年に校長を定年退職されましたが、彼もまた人生観を大きく変えるような出来事に直面しました。

自分自身の命に関わる病に接して、人生に対する価値観が大きく変わったのです。

現在、彼は無報酬で若者向けの「志共育」を開催し、若者たちに「いかにして志を持ってもらうか」ということを説いて日本中の学校を歩いています。

また、「夢は自分のためにあるものだけれども、志は世のため人のためにあるものであり、この志こそが社会や未来を変えるもっとも大切なものである」ということを、日本から世界に発信をしようと努力していらっしゃいます。彼とはよくお目にかかる機会があるのですが、毎日朝早くから夜遅くまで、若者のために一生懸命、精力的に活動されていて、本当に頭が下がります。

教師として子どもたちを教えてきた第一の人生。教師を卒業した後、全国の若者に対して「志」を教えるために奔走されている第二の人生。

名誉やお金はいっさい関係なく、社会に貢献する人材の育成のために尽力されている姿は、本当に素晴らしい生き方だと思います。

定年後、新入社員として働く

最後に株式会社マイスター60という、入社資格が60歳以上という少し変わった会社をご紹介したいと思います。

株式会社マイスターエンジニアリング取締役会長でもある平野茂夫氏は、「気力も知力も働く意欲も、まだまだ十分にあるベテランたちが、60歳の定年を迎えただけで〝ただの人〟になってしまうなんて、おかしいじゃないか。豊富な経験とみなぎる労働意欲があり、現役バリバリで働ける先輩方を、『60歳』だからという理由だけでお払い箱にするのは間違っている。皆さんの力を活かしていくための受け皿が必要だ。それは高齢者のためだけでなく、超高齢社会を迎える日本のためにもなるだろう」と、義憤に似たものを覚えたそうです。そこで〝年齢は背番号、人生に定年なし〟というスローガンのもと設立した会社がマイスター60だったのです。

マイスター60は、「定年後も働きたい」という60歳以上の方のために就業支援サービスを行う会社です。私は、この会社のことを知り、大変深く感銘を受けました。

高齢者たちの持つ経験や知識、技能を生かしていく。そのための職務を用意する。それこそが人材の有効な活用につながり、これからの社会の活性化に役立つ方策になりうると思います。

定年を迎えた60歳の大ベテランが、ピカピカの新入社員としてあらためて就職し、それまでの自分の経験と技術を大いに発揮しながら働く。そういう場と仕組みが存在することは、高齢者にとっても、また社会にとっても、実に有意義で必要なことなのです。

そして、そこで働く人々は口をそろえて「やりがいがある」、「仕事が生きがいだ」とおっしゃるそうです。

「入社資格は60歳以上」。どうですか、面白いと思いませんか。ここでわかったことは、人間にとって働くことは、生きることそのものなのだということです。人間は本来、働ける限り働きたい動物なのでしょう。平野氏は、人間を決めるのは年齢ではなく、その人の精神のありようなので、〝年齢は背番号、人生に定年なし〟とおっしゃっています。まさしくその通りだと私も思います。

サミュエル・ウルマンが70代で書いた「青春」という有名な詩に、

「青春とは　人生のある時期をいうのではなく　心の様相をいう
優れた想像力　たくましい意志　燃える情熱　怯懦《きょうだ》を却《しりぞ》ける勇猛心
安易を振り捨てる冒険心　こういう様相を青春というのだ
年を重ねただけで人は老いない　理想を失う時に初めて老いがくる
歳月は皮膚のしわを増すが　情熱を失う時に精神はしぼむ（後略）」

という一節があります。本当に素晴らしい詩だと思います。そしてまさしく、それを実行している会社がマイスター60なのです。

企業は経済を動かすための仕組みであるのと同時に、社会性を持った仕組みであるべきだと思います。

高齢者が働きたいのは、人生を元気に生きていきたいからであり、自分の持っている知識や技術を若い人たちに伝えていきたいからだと思います。

本章で紹介してきた皆さんも、持っている知識、技術をお金のためではなく、社会のために使っていきたい。それこそが生きがいであり、人生そのものだと思っていらっしゃるのではないでしょうか。

このように、彼らの持っている技能を生かす、そしてやりがいを与え、人生が充実できるような働く場を提供することが、会社としての存在価値なのです。私は平野氏の考え方に全面的に賛成ですし、マイスター60という会社を応援し続けたいと思います。また同じような考え方の企業がどんどん生まれてきてほしいと願っています。

ボランティアという場に第二の人生を見いだせない方々は、このような企業で、第二の人生を見つけていただきたいと思います。

しかし、それは出世やお金のためではなく、自分自身のやりがいや、自分が持っている知識や技術を社会に還元するためであり、超高齢社会で日本の社会保障費が増加していく中、次の世代の大きな負担を軽減するためにも必要であると私は思います。

「あなたに出会えて良かった」と言ってもらえる人生を送ろう

本章で紹介させていただいた、カンボジアの子どもたちや日本の若者教育のために尽力してくださっている先生方、スーパーボランティアの尾畠氏、またマイスター60で働かれている方々の共通点は人から感謝される、必要とされることに対して、自分の持っている知識や経験を提供しようと一生懸命に働かれていることです。

そこに自分の存在感を覚え、喜びを見いだしていらっしゃるのです。

皆さん、定年になる前は生活費を得ることを一番の目的として働いていたと思います。定年を迎えるにあたって、それまでの自分の人生を振り返り、これから先、自分は世の中のために何ができるのかを真剣に考えたからこそ、自分が得てきたものを少しでも世の中の役に立てたい、残したいという気持ちに気づくことができ、それぞれのフィールドで第二の人生を歩まれているのだと思います。

まさに充実した人生そのものです。


人生を充実させるのは、結局のところお金や地位ではないのです。

アメリカのアップルの創業者だった故スティーブ・ジョブズが、人生の最後に残した言葉をご存じでしょうか。訳者知らずですが、結構、インターネットにも掲載されていたので、ご覧になられた方も多いかもしれません。ここで一部抜粋して採録させていただきます。

「私は、ビジネスの世界で、成功の頂点に君臨した。
他人の目には、私の人生は、成功の典型的な縮図に見えるだろう。
しかし、仕事を除くと、喜びが少ない人生だった。
人生の終わりには、富など、私が積み上げてきた人生の単なる事実でしかない。
病気でベッドに寝ていると、人生が走馬灯のように思い出される。
私がずっとプライドを持っていたこと、
認証や富は、迫る死を目の前にして色あせていき、何も意味をなさなくなっている。
この暗闇の中で、生命維持装置のグリーンのライトが点滅するのを見つめ、
機械的な音が耳に聞こえてくる。
神の息を感じる。
死がだんだんと近づいている……。
今、やっと理解したことがある。
人生において十分にやっていけるだけの富を積み上げた後は、
富とは関係のない他のことを追い求めた方が良い。
もっと大切な何か他のこと。

それは、人間関係や、芸術や、または若い頃からの夢かもしれない。
終わりを知らない富の追求は、人を歪ませてしまう。
私のようにね。（中略）
私が勝ち得た富は、（私が死ぬ時に）一緒に持っていけるものではない。
私が持っていけるものは、愛情にあふれた思い出だけだ。」

いかがですか。

「認証や富は、迫る死を目の前にして色あせていき、何も意味をなさなくなっている」
「人生において十分にやっていけるだけの富を積み上げた後は、富とは関係のない他のことを追い求めた方が良い」

このあたり、非常に感じ入るところがありました。ありあまるお金があったとしても、世界中の人々から知られるような存在になったとしても、それだけでは充実した人生にはならないのです。

でも、どれだけささやかなことでも、人々の役に立つことができ、受け取った「ありがとう」の数を増やすことができれば、きっと人生は充実したものになるはずです。


それともう一つ。私は「あなたに出会えて良かった」と言ってもらえることが、人生をより充実させるうえで大事なことだと思います。

きっと、本章に登場していただいた皆さんも、そうだと思います。そのために人は頑張れるのではないでしょうか。

皆さんは、誰から「あなたに出会えて良かった」と言ってもらいたいですか。よく考えてみてください。

その中の最たるものは「家族」だと思います。

まず、自分を生んでくれた両親から「あなたを生んで、本当に良かった」と言ってもらえるでしょうか。

次に結婚しているなら夫や妻から、子どもがいれば子どもから、「あなたに出会えて良かった」、「あなたの子どもで良かった」と言ってもらえるでしょうか。

そのほか、自分の友人、上司、会社の同僚、後輩たちから、「あなたに出会えて良かった」と言ってもらえるでしょうか。

「ありがとう」の数とともに、自分の人生で関わってきた人たちからたくさんの「あなたに出会えて良かった」と言ってもらえることによって、一人の人間の価値が決まると思います。そしてそれは定年までの会社での仕事を通じて、そして定年後は社会貢献を通じて、どんどん増やすことができます。


この本を読んでいらっしゃる皆さんは、今まで働いてきた中で何を得ましたか。

誰でも在職中に一生懸命取り組んだことが、一つや二つはあるはずです。それを思い出してください。そして、それによって得たものが思い出せたら、それを第二の人生に生かしていただきたいと思います。

また、定年まで時間がある若い人たちは、今の仕事に全身全霊で取り組んでください。本気で取り組んだことによって得られる知識や経験は、将来、必ず生かせるようになります。

仕事は仕方なくやるものではありません。在職中に仕方なくやった仕事を第二の人生で生かすことなどできませんし、嫌な仕事で将来、社会に貢献しようなどと考える人はどこにもいないはずです。

人生の最後の最後まで自分の得意なこと、やりたいことで世の中に貢献し、人々に感謝される生き方をしてください。皆さんの人生が実りあるものになり、いつか命が尽きるとき、「最高の人生だった」と思える生き方をしていただきたいと思います。

おわりに

私たち人間と時間の関係について、多くの人は「時が過ぎ去っていくもの」と思っています。しかし、フランスの詩人ロンサールは「時、過ぎ行くにあらざるなり、我ら過ぎ行くなり」と詠《うた》い、時が過ぎ去るのではなく、私たちの人生が時から過ぎ去っているのだと言っています。

ロンサールが指摘するように、過ぎ去る人生は、100人いれば100通り、1000人いれば1000通りです。一人として同じ人生はありません。

人生という道には平坦な道もあれば、デコボコ道もあり、また上り坂、下り坂があり、時には「まさか」という思いもしない坂に出会うことがあります。

私たちは自分の人生について、「豊かで、充実した素晴らしい人生にするためには、どのような考えを抱き、どのような行動をすればいいのか」等々、あれこれと悩み、思いをめぐらせます。

そうした状況を打破する一つの方法として考えられるのは、「1＋1＝2」という数式にとらわれてはならないということです。

時には「3」にもなれば、「8」にもなるという柔軟な意識、考え方が必要であり、このように考えられるかどうかによって、「人生」に対する視点も変わっていきます。

本書では、私の66年の人生で学んだこと、感じたこと、考えたこと、今やろうとしていることについて記しました。26歳で起業し、40年後の現在までに出会った多くの経営者、政治家、学者、スポーツ関係者など、内外各界の多くの方々と親交を深めました。その人脈を通じて貴重な経験、考え方などたくさんのことを教えられ、学んできました。それが私を成長させる血肉になり、エネルギーとして大いに役立ち、現在の私があるのだと感謝しています。

作家の吉川英治氏は「我以外、皆我が師なり」を座右の銘としていたそうですが、私たちも接する方々を「我が師」として、多くのことを学び、成長していきたいものです。

私たちは年々、年を重ねるごとに体力が落ちていきます。これは自然の理で避けられませんが、自己啓発、精進の気持ちを持って日々、行動すれば、老いることはないと思っています。

そして4年後に「古希」(70歳)を迎える私は今、中国・三国時代の英雄、魏《ぎ》・曹操《そうそう》が詠んだ次の詩の一節を心に刻んでいます。

「烈士暮年　壮心已《や》まず(歳をとっても、元気で盛んな心を持ち続けるという意味です)」

なお出版にあたり、企画・構成・制作にあたって大変お力添えをいただいた戸田陽子氏、鈴木雅光氏、フォーバルのスタッフのご厚意に心より謝意を表します。

2020年11月

大久保秀夫

主な参考文献

・高野登著『リッツ・カールトンが大切にする サービスを超える瞬間』かんき出版 (2005/9/6)
・World Happiness Report 2020　March 20, 2020
https://worldhappiness.report/ed/2020/social-environments-for-worldhappiness/
・『労働生産性の国際比較2019』公益財団法人日本生産性本部
https://www.jpc-net.jp/research/list/pdf/comparison_2019.pdf
・平野 茂夫著『入社資格は「60歳以上」』サンマーク出版 (2004/3/16)
・『王道経営』株式会社フォーバル

●著者略歴
大久保秀夫（おおくぼ・ひでお）
1954年、東京都生まれ。國學院大學法学部卒業後、アパレル関係企業、外資系英会話教材販売会社に就職するものの、日本的な年功序列体質や人を使い捨てにする経営方針に納得できず退社。1980年、25歳で新日本工販株式会社（現在の株式会社フォーバル　東京証券取引所 市場第一部）を設立、代表取締役に就任。電電公社（現NTT）が独占していた電話機市場に一石を投じるため、ビジネスフォン販売に初めてリースを導入し、業界初の10年間無料メンテナンスを実施。1988年、創業後８年２カ月という日本最短記録、史上最年少（ともに当時）の若さで店頭登録銘柄（現JASDAQ）として株式を公開。同年、社団法人ニュービジネス協議会から「第１回アントレプレナー大賞」を受賞。その後も、情報通信業界で数々の挑戦を続け、上場会社３社を含むグループ企業33社を抱える企業グループに成長させた。2010年、社長職を退き、代表取締役会長に就任。会長職の傍ら、講演・執筆、国内外を問わずさまざまな社会活動に従事。カンボジアにおける高度人材の育成を支援する「公益財団法人CIESF（シーセフ）」理事長も務める。さらに一般社団法人公益資本主義推進協議会 代表理事、東京商工会議所副会頭・中小企業委員会委員長なども務めている。『みんなを幸せにする資本主義—公益資本主義のすすめ』（東洋経済新報社）、『在り方』（アチーブメント出版）など著書多数。

最高の生き方

2021年１月１日　　第１刷発行

著　者　大久保　秀夫
発行者　唐津　隆
発行所　株式会社ビジネス社
〒162-0805 東京都新宿区矢来町114番地
神楽坂高橋ビル５階
電話 03(5227)1602　FAX 03(5227)1603
http://www.business-sha.co.jp

カバー印刷・本文印刷・製本／半七写真印刷工業株式会社
〈編集協力〉鈴木雅光（ジョイント）
〈カバーデザイン〉大谷昌稔　〈本文DTP〉茂呂田剛（エムアンドケイ）
〈編集担当〉本田朋子　〈営業担当〉山口健志

ISBN978-4-8284-2244-2